... *SYLT* MACHT SÜCHTIG ...

Robert Pölzer,
Chefredakteur
BUNTE

Ist es die Luft, die frisch wie Champagner perlt? Ist es die unaufgeregte Schönheit von Dünen, Sand und blauer Nordsee? Ist es die Vorfreude auf das erste Fischbrötchen bei Gosch? Dies alles und noch viel mehr hat mich immer wieder neu verführt, die einzigartige Insel Sylt zu besuchen.

Jedes Mal wieder, beim ersten Atemzug auf diesem wunderschönen Fleckchen Erde, ereilt mich ein kleiner Glücksschauer. Sylt schmiegt sich jedem in die Seele. Gewiss, der Jetset, die Reichen und Schönen mit den schicken Reetdachvillen, glamourisierte den Ruf dieses Eilandes seit den 60er-Jahren. Aber auch die Camper, die Nacktbader, die Surfer, die Wattwanderer, die Vogelkundler und alle jene, die gutes authentisches Essen lieben, werden von Land, Leuten, Küche und Klima dort willkommen geheißen. Sylt ist mondän und demokratisch zugleich, ein unschlagbarer Mix!

In der Reihe unserer erfolgreichen Städte-Guides „Top 100 München", „Top 100 Berlin" und „Top 100 Mallorca" durfte Sylt natürlich nicht fehlen! Wie immer mit den besten Adressen, Tipps und Storys aus der BUNTE-Redaktion – sowie Insider-Ansichten der Sylter Society. Wo gibt's die besten Krabben? Wo trifft man die Promis? Was sind die geheimen (Dress-)Codes der Insel? Die schönsten Rituale? Die unentdeckten Hideaways? Die tollsten neuen Restaurants? Alle Antworten finden Sie in charmantester Form hier.

Erleben Sie Sylt wie ein Star – und lassen Sie sich von uns führen und verführen. Wir sind alle reif für die(se) Insel ... Viel Freude beim Lesen und Ausprobieren unserer Top 100!

BUNTE
TOP 100
HOT-SPOTS
SYLT

Das **BUNTE TOP 100 Siegel** wird exklusiv von der Redaktion BUNTE vergeben. Alle in diesem Buch vorgestellten Hot-Spots sind qualifiziert, das BUNTE-Siegel zu tragen. Das Siegel ist für jeden Hot-Spot eine ganz besondere Auszeichnung, für Kunden, Gäste und Besucher ein wertvoller Service, sich in der Vielzahl von Angeboten zurechtzufinden.

Unser Coverbild wurde exklusiv von Wolfgang Wilde produziert. Wir danken dem Team vom Söl'ring Hof Sylt für dessen Unterstützung!

D1640977

Inhalt

SYLT *VON A-Z*

12
Eine Liebeserklärung

100 HOT-SPOTS AUF SYLT

18
KRABBEN & *Kuchen*
Die besten Cafés und Frühstücks-Spots

32
SCHÖNER *schlafen*
Zehn Top-Hotels für besondere Nächte

46
PROMI-*Watching*
Hier trifft man die VIPs

60
SYLT – *natürlich schön*
Ab nach draußen!

74
SHOPPEN & *stöbern*
Stores und Souvenirläden für jedes Budget

88
RICHTIG *gut essen*
Zehn Restaurants, die glücklich machen

102
KUNST & *Kultur*
Friesische Tradition erleben und verstehen

116
LIFE'S *a beach!*
Zehn Tipps für das ultimative Nordsee-Feeling

130
SCHIET*wetter…*
… und was jetzt?

144
ATEMLOS *durch die Nacht*
Bars und Clubs mit Geschichte

HOT-SPOTS *NACH ORTEN*

159 Westerland, Morsum

160 Keitum

161 Rantum

162 Kampen, Hörnum

163 Wenningstedt-Braderup

165 Tinnum, Munkmarsch, List, Archsum

INFORMATIONEN *& ALLGEMEINES*

166 Praktisches und Nützliches

170 Bildnachweis

171 Impressum

172 Notizen

Sie stehen für Seefahrer-
romantik und prägen das
Landschaftsbild der Insel:
Fünf LEUCHTTÜRME gibt es
als Wahrzeichen auf der Nordseeinsel Sylt. Früher haben
die markanten Leuchtfeuer
vorbeifahrenden Schiffen
den Kurs gewiesen

SYLT
VON A-Z

DEUTSCHLANDS NÖRDLICHSTES EILAND
LOCKT MIT UNENDLICHEN WEITEN UND HOHER
PROMI-DICHTE. ES GIBT CAMPINGPLÄTZE IN DEN
DÜNEN UND ABSURD TEURE IMMOBILIEN. ACH SYLT,
AUF DIR FINDET JEDER SEINEN SEHNSUCHTSORT!

Auf Sylt gibt es rund 12 000 Strandkörbe.
Die maritimen Outdoor-Möbel zieren die
Waterkant und bieten Feriengästen bei
Sonne oder Schietwetter Unterschlupf

AUTOZUG

Mit dem PKW durch das Watt fahren – obwohl der Motor gar nicht läuft: Das Feriengefühl beginnt für viele Sylt-Urlauber schon bei der Anreise. Seit 2016 transportiert der blaue Autozug RDC täglich bis zu 22-mal Besucher und ihre Karossen auf die Insel und zurück aufs Festland.

BIIKEBRENNEN

Frühlingsfest der Friesen: Mit Grünkohl, Schnaps und Feuerbrauch feiern die Insulaner am 21. Februar das Ende des Winters. Ursprünglich wurden Sylter Walfänger mit brennenden Seezeichen (friesisch „Biiken") aufs Meer verabschiedet, um die Fangsaison zu eröffnen.

CAMPING

Feriendomizil in Bestlage zu moderatem Preis gesucht? Kein Problem! Die sieben Campingplätze auf der Insel locken mit spektakulärer Natur: Umgeben von Dünen, Deichen oder dem Wattenmeer können Urlauber ihr Zelt aufschlagen oder das Wohnmobil parken.

DORFTEICH

Schmutzige Wäsche wusch man hier früher in doppelter Hinsicht: Während Frauen Kleidung reinigten, tauschten sie den neuesten Dorfklatsch aus. Heute ist der idyllische Teich in Wenningstedt eine beliebte Fotokulisse für Lovebirds und Hochzeitspaare.

EISMANUFAKTUR

„Natürlich schmeckt's besser" lautet das Motto der Eisdiele in List. Seit 2013 bietet Detlef Fügeisen zwölf täglich wechselnde Eissorten aus biologischen und regionalen Produkten an. Besonders gut schmecken die Spezialitäten bei frischer Meeresbrise im Strandkorb auf der Terrasse.

FRIESENNERZ

Dem Schietwetter mit sonniger Stilansage begegnen: Fröhlich gelb leuchten die Regenjacken, die auf der Insel omnipräsent sind. 1965 wurde die wetterfeste Kleidung für Berufssegler erfunden. Die Ursprünge liegen allerdings nicht in Nordfriesland, sondern in Dänemark.

GOSCHEN

Na, heute schon gegoscht? Fischessen bei Gosch ist ein Muss für alle Syltbesucher. Am bekanntesten ist die Ursprungsadresse: die nördlichste Fischbude Deutschlands in List. Inzwischen gibt es auf der Insel aber zwölf weitere Ableger der kulinarischen Institution.

HINDENBURGDAMM

Nur elf Kilometer lang, aber eine der meistfrequentierten Strecken der Deutschen Bahn: Bis zu 120 Züge rollen täglich von Niebüll nach Westerland. Namensgeber ist der Reichspräsident Paul von Hindenburg – es gibt immer wieder Debatten über eine Umbenennung.

INSELKOLLER

Miesepetrig wirkt so manch ein Inselbewohner oder Langzeiturlauber. Wenn die depressive Verstimmung lang anhält, kann eine Kur auf dem Festland helfen. Eckart von Hirschhausen erklärt den Inselkoller mit geistiger und genetischer Isolation über mehrere Generationen.

J ÖÖLBOOM

Weihnachtsbaum-Ersatz: Weil es in Nordfriesland Anfang des 19. Jahrhunderts wenig Bäume gab, bastelte man sich eine eigene Variante des Christbaums. An ein Holzgestell werden Zweige gebunden und mit Salzteigfiguren und vier Kerzen verziert.

K URABGABE

Mit einem täglichen Betrag zwischen 1,20 und 4 Euro (je nach Saison, Aufenthaltsort und -dauer) unterstützen Urlauber die Gemeinde bei der Finanzierung der Tourismusinfrastruktur. Dafür gibt es saubere Strände und kostenlose Freizeitangebote.

L ORAN-C-SENDER

Der Stahlfachwerkmast ist mit 193 Metern das höchste Bauwerk auf Sylt. 1963 wurde er von der US-amerikanischen Küstenwache in Rantum errichtet, um während des Kalten Krieges Transportwege der Schiffe per Funkortung zu sichern. Weltweit gibt es etwa 70 Stationen.

M ORSUM-KLIFF

Die Kliffküste im Osten der Insel begeistert Urlauber wie Forscher. Über zehn Millionen Jahre Geschichte wird an rotbraunen, schwarzen und weißen Erdschichten sichtbar. Die Steilküste ist das älteste Naturschutzgebiet Schleswig-Holsteins – ein geologisches Denkmal!

N EUJAHRSSCHWIMMEN

Erfrischung gefällig? Jedes Jahr stürzen sich am 1. Januar abgehärtete Frauen und Männer am Strand von Wenningstedt in die Fluten. Nach wilden Partynächten ist die bitterkalte Nordsee eine sichere, wenn auch extreme Maßnahme, um wieder wachzuwerden.

O STWIND

Vergleichbar mit dem Föhn in München soll der Ostwind manch einem Wetterfühligen zur Last fallen. Neben Kopfschmerzen und Abgeschlagenheit haben Insulaner bei Wind aus dem Osten aber auch mit Insekteninvasionen vom Festland zu kämpfen.

P ORSCHE

Gehört auf Sylt einfach mit dazu. Als ein Mix aus Showroom und kulturellem Begegnungszentrum versteht sich Porsche auf Sylt in Tinnum. Der Besuch im kleinen, feinen Porsche-Haus lohnt, auch wenn man keinen 911er kaufen oder mieten möchte. Es gibt oft Events wie E-Perfomance-Tage, Ausstellungen und Aktionen. Und wer Glück hat, trifft auf Porsche-Testimonials wie Patrick Dempsey oder Mark Webber.

Q UADRATMETER

Die Insel ist Deutschlands teuerster Standort für Ferienimmobilien: Für Einfamilienhäuser in guten Lagen werden zwischen 8600 bis 11 200 Euro pro Quadratmeter gezahlt. Das teuerste Haus auf Sylt soll 70 000 Euro pro Quadratmeter kosten.

R EETDÄCHER

Seit dem 18. Jahrhundert gehören Reetdächer zum Landschaftsbild der Insel Sylt. Damals rein zweckmäßig (im Winter diente Reet als Wärmespeicher, im Sommer sorgte es für Kühle), stehen sie heute für Tradition und Handwerkskunst.

STRANDKORBVERSTEIGERUNG

Rund 12 000 Strandkörbe zieren die Strände von Hörnum bis List. Jedes Jahr werden einige ausrangiert und ersetzt: Wer sich Inselfeeling für daheim wünscht, kann im Oktober bei der Strandkorbversteigerung im Erlebniscenter Naturgewalten ein Schnäppchen machen.

TETRAPODEN

Je sechs Tonnen schwer sind die vierfüßigen Betonblocksteine, die an einen Tetraeder erinnern. An der Westerländer Promenade dienen sie hervorragend als Wellenbrecher zum Schutz der Ufermauer, im Inselsüden versackte ein Großteil der Kolosse im Sand.

UNESCO-WELTNATURERBE

Das Wattenmeer vor Sylt ist seit Sommer 2009 Welterbe der Menschheit. Das einzigartige Ökosystem begeistert Naturfans und Biologen: Bis zu 100 000 Wattschnecken, 20 000 Herzmuscheln und 50 Wattwürmer leben auf einem Quadratmeter Watt.

VOGELZÄHLSTATION

Wer sich nach Auszeit und Einsamkeit sehnt, kann sich für die Stelle als Vogelwart bewerben: Als Hüter der Watt- und Wasservögel zieht jedes Jahr zwischen April und September ein Freiwilliger in den roten Wohnwagen hinterm Deich in Keitum ein.

WHISKYMEILE

Strönwai heißt die Nobelmeile in Kampen eigentlich. Am Tag shoppt die Schickeria in Luxusboutiquen, und am Abend trifft man sich – auf einen Whisky – in einer Bar, in einem Restaurant oder im legendären Pony Club. Gerade mal 300 Meter lang ist die Straße, doch die Promi-Dichte ist hoch.

XAVER

Dieser Name lässt die Sylter erschaudern. Denn das Orkantief Xaver wütete 2013 über die Insel und sorgte für massive Landverluste: Drei Sturmfluten hatten damals an 57 Prozent der Westküste Vordünenabbrüche verursacht.

YMCA

Das legendäre Sylter Jugendseeheim liegt in den Dünen von Kampen. Hier sammeln Schulklassen Erinnerungen oder stimmen den kultigen Jugendherbergs-Song „YMCA" an. Aber auch große Werber sollen schon Stockbetten und Gemeinschaftsräume für Partys gemietet haben.

ZUGVÖGEL

Im Frühjahr und Herbst machen Millionen Zugvögel aus aller Welt Station im Wattenmeer, um sich ein Fettpolster für kommende Etappen anzufuttern. Nirgendwo auf den Zugstrecken gibt es ein Gebiet mit vergleichbarem Nahrungsreichtum; viele Vögel verdoppeln in rund 14 Tagen ihr Gewicht.

Das bedeuten unsere Sterne:

5 Sterne	★★★★★	Sehr hochpreisig
4 Sterne	★★★★☆	Teuer, aber bezahlbar
3 Sterne	★★★☆☆	Super Preis/Leistung
2 Sterne	★★☆☆☆	Günstig
1 Stern	★☆☆☆☆	Fast geschenkt

Im lauschigen Gartencafé der
BÄCKEREI INGWERSEN in Morsum
bleibt die Zeit stehen: Zwischen
Blumen und Bäumen wird frischer
Kuchen aus der Backstube gereicht.
Die Teekarte zählt rund 30 Sorten,
und man kann sie hier auch für
Zuhause kaufen

KRABBEN
und Kuchen

Die schönsten Cafés und Frühstücks-Spots

**DEFTIGE LANDBROTE, FRISCHE AUSTERN ODER
SÜSSE SÜNDEN?** Wer sich auf der Insel nicht als Tourist
outen will, bestellt beim Bäcker eine Kliffkante, die
friesische Version des Mehrkornbrötchens. Zum
typischen Sylter Frühstücksangebot gehören neben
Fischspezialitäten auch Kuchen und Torten. Von süß
bis herzhaft – hier kommt unsere Top Ten zum
kulinarischen Start in den Tag

SATT & *GLÜCKLICH*

Jugend-stil-Charme in Westerland: Das Kaffee-haus ist belieb-tes Foto-motiv

Süße Kleinig-keiten: Petit Fours im CAFÉ MATEIKA

Chefin Sabine Mateika-Ruflair (Mitte) mit Kolleginnen

1

CAFÉ MATEIKA

„Wer das Kaffeehaus hat, braucht kein Wohnzimmer", so das Motto der Familie Mateika. Und tatsächlich verweilen die Gäste im kleinen aber feinen Kaffeehaus gern lange. Das liegt sicher nicht nur am gemütlichen Jugendstilambiente, sondern auch an dem legendären Frühstücksbüffet (nur am Wochenende, unbedingt reservieren). Wer keinen Platz ergattert, kann sich natürlich auch an Werktagen über die reichhaltige Auswahl an süßen und herzhaften Speisen erfreuen.

Café Mateika
Bismarckstraße 13,
Westerland
Tgl. 9-18 Uhr
Preise: ★★★☆☆
www.mateika.de

FRIESEN-*ROMANTIK*

Frühstückszeit ist Brotzeit, so das INGWERSEN-Motto

BÄCKEREI INGWERSEN

Sie ist berühmt für Brot (Insulaner), Mehrkorn-brötchen (Kliffkante) – sowie den idyllischen Bauerngarten: In der Traditionsbäckerei startet der Tag ganz gemütlich. Zwischen Obstbäumen und Heckenrosen kann man herrlich entspannen und sich kulinarisch auf mögliche Ausflugsziele einstimmen. Wie wär's mit einem Wattläufer Frühstück (frischer Saft, Quark mit Obst und Bircher Müsli) oder das nach dem Ort Morsum benannte Käsefrühstück (mit frischem Landbrot, Spiegel- oder Rührei und Früchten)?

2

Bäckerei Ingwersen
Terpstich 76, Morsum
Tgl. 8-18 Uhr
Preise: ★★★☆☆
www.ingwersen-sylt.de

NIELSENS KAFFEEGARTEN

3

KLEINOD IN *KEITUM*

Watt'n Blick! Das alte Kapitänshaus bietet eine spektakuläre Aussicht aufs Wattenmeer. Bei Sonne sind die Terrassenplätze stark umkämpft, bei Schietwetter genießen Gäste die Sylt-Szenerie aus dem großen Wintergarten. Kulinarisch geht die Reise in Nielsens Kaffeegarten weg von der Insel: Die Auswahl reicht vom karibischen übers französische oder italienische bis hin zum amerikanischen Frühstück. „Early Birds" bekommen schon ab 6.30 Uhr frische Brötchen in der hauseigenen Bäckerei.

Brot und Brötchen direkt aus dem Ofen: NIELSENS KAFFEEGARTEN hat eine eigene Backstube

Nielsens Kaffeegarten / Am Kliff 5, Keitum
Mo, Mi-So 8-18 Uhr / Preise: ★★★★☆
www.nielsens-kaffeegarten-sylt.de

BACKSTUUV RANTUM

4

Die Bäckerei legt Wert auf Nachhaltigkeit

Die reetgedeckte Bäckerei hat zwar nur einen kleinen Cafébereich, aber dafür sind die Frühstückszeiten ausgedehnt: Bis 16 Uhr werden hier süße, herzhafte und vegetarische Speisen serviert, ein Heißgetränk ist be jedem Angebot inklusive. Es gibt Früchtemüsli, Rührei mit Krabben, Franzbrötchen und Kuchen. Unbedingt probieren sollten Sie aber auch ein noch warmes Croissant mit Sylter Rose, einer hausgemachten Rosenmarmelade. Oder Sie nehmen gleich ein ganzes Glas davon als Souvenir mit.

Kleines Café mit großer Auswahl: Frühstücken kann man in der BACKSTUUV RANTUM bis zum Nachmittag

FÜR *LANGSCHLÄFER*

Backstuuv Rantum
Strandweg 5, Rantum
Tgl. 7-17 Uhr
Preise: ★★★☆☆
www.backstuuv-rantum.de

DORFLADEN KAMPEN

Hier frühstücken Millionäre, wenn die Haushälterin mal einen freien Tag hat. Der kleine Tante-Emma-Laden im Nobelort Kampen bietet neben Lebensmitteln und Waren für den täglichen Bedarf auch ein gutes Frühstücksangebot: Bei Kaffee und köstlich belegten Baguettes oder Bagels tauschen die Gäste den neuesten Klatsch aus, lesen Zeitung oder beobachten die Dorfbewohner beim Wocheneinkauf. Natürlich sind hier nicht nur Superreiche willkommen – und wer beim nächsten Frühstück selbst gern Millionär wäre, kann im Dorfladen Lotto spielen.

Dorfladen Kampen
Hauptstraße 4, Kampen
Mo-Fr 8-18 Uhr, Sa 8-16 Uhr
Preise: ★★★★☆

Reichhaltiges Angebot: der DORFLADEN in Kampen

SHOPPEN, *SCHLEMMEN, STAUNEN*

KONTORHAUS KEITUM

TEA-*TIME*

Feinster Tee, Kamin und bequeme Sessel: Wer hier sitzt, möchte gar nicht mehr aufstehen

Das KONTORHAUS bietet rund 100 Teesorten an, jede wird fachgerecht zubereitet

Von der Terrasse aus blicken die Gäste über die Felder Keitums, das Kaminfeuer prasselt, und auf den gemütlichen Sofas möchte man den ganzen Tag sitzenbleiben. Beim Frühstück setzen die Gastgeber statt auf den Raubzug am Büffet auf individuellen Service. Sollten Sie also Entscheidungshilfe bei der Auswahl von über 100 Teesorten haben, hilft das freundliche Personal gern weiter. Neben Frühstücksklassikern gibt es – stilecht zur Teatime – frische Scones mit Clotted Cream.

Kontorhaus Keitum / Sidik 15, Keitum / Mo-Sa 10-18 Uhr, So 10-13 Uhr
Preise: ★★★★☆ / www.kontorhauskeitum.de

BÄCKEREI LUND

Hier steht Regionalität auf der Speisekarte: Zu Brot oder Brötchen aus der eigenen Bäckerei gibt es hausgemachte Tomatenmarmelade, Rohmilchkäse von der Sylter Käserei Backensholzer Hof oder Schinken von der Landschlachterei Burmeister. Wer es richtig friesisch mag, bestellt ein Nordseefrühstück mit Rote-Bete-Lachstatar, Glückstädter Matjes und Räucherlachs. Das Café ist in dritter Generation in Familienhand und wurde vor wenigen Jahren zurück in den Stil der 50er-Jahre renoviert.

Bäckerei Lund
Rantumer Straße 1-3, Hörnum
Tgl. 9-18 Uhr
Preise: ★★★★
www.lund-sylt.de

7

Café-Chef Sven Lund ist ein Meister der Pâtisserie

FRÜHSTÜCK & BRUNCH

RETRO-
CHARME

Klassiker auf der Karte: Die BÄCKEREI LUND ist berühmt für das Nordseefrühstück mit Rote-Bete-Lachstartar

Wer sich in Rantum der KAFFEERÖSTEREI nähert, dem weht schon der betörende Duft von frisch gerösteten Bohnen entgegen. Drinnen gibt es dann alles, was das Herz eines Kaffeekenners höher schlagen lässt. Egal, ob man lieber Filterkaffee, Cappuccino oder einen starken, heißen Espresso trinkt – die Qualität stimmt immer! Und dazu sollte man sich natürlich auch ein Stückchen Kuchen genehmigen

KAFFEE-RÖSTEREI

Das beliebte Ausflugslokal liegt im Kampener Naturschutzgebiet

Amerikanisches Pancake-Frühstück in der VOGELKOJE

VOGELKOJE

Wo, wenn nicht in Kampen, wird schon vormittags Champagner geschlürft? Das Traditionshaus im Sylter Nobelort ist bekannt für sein Austernfrühstück mit Chesterbrot und Schampus. Auch Krabbensalat, Matjes und Rollmops stehen hier auf der Karte. Wer es klassisch und anti-alkoholisch mag, kann frisch gepresste Säfte, Backwaren und eine feine Auswahl an Käse- oder Wurstspezialitäten ordern. Frühstück gibt es bis 15 Uhr, sehr begehrt bei Sonnenschein sind die Strandkorbplätze auf der Terrasse.

Vogelkoje
Lister Straße 100, Kampen
Di-Fr 13-22 Uhr
Sa-So 10-22 Uhr
Preise: ★★★★★
www.vogelkoje.de

PRICKELNDER
BRUNCH

8

„Plörre" nennen Norddeutsche einen dünnen und faden Kaffee. Den gibt es bei Christian Appel ganz sicher nicht – dafür aber frisch geröstete Kaffeebohnen mit friesischen Namen wie Okke oder Freya. Dazu serviert er selbstgemachte Backwaren, die aus regionalen Produkten hergestellt werden. Der ehemalige TV-Producer hat seine Leidenschaft zum Beruf gemacht und in einer alten Lagerhalle ein Café mit Rösterei eröffnet. Das Interieur im Industriestil lockt Großstadt-Hipster.

Kaffeerösterei Sylt
Hafenstraße 9, Rantum
Tgl. 11-17.30 Uhr
Preise: ★★★☆☆
www.kaffeeroesterei-sylt.com

KAFFERÖSTEREI

Sylter Barista-Kunst in der KAFFERÖSTEREI

Filter, French Press oder Siebträger: Hier wird Kaffeehandwerk zelebriert

9

KOFFEIN-
MEKKA

Wie im Schlaraffenland: Trüffel und Pralinen aus der eigenen Schokoladen-manufaktur

SCHOKOLADE ZUM
FRÜHSTÜCK

Tortenschlacht im CAFÉ WIEN: Kunstvolle Kreationen aus der Pâtisserie

CAFÉ WIEN

Alles andere als nordisch: Samtbezogene Stühle, kristallene Lüster und goldene Bilderrahmen entführen uns in eine schwülstige „Omas Wohnzimmer"-Szenerie. Opulent ist im Café Wien auch die Frühstücksauswahl mit hausgemachten Eierspeisen, hausgemachtem Knuspermüsli oder Sylter Landbrotstullen. Warum den Tag nicht direkt mit einer süßen Sünde beginnen? Die Westerländer Kultadresse ist berühmt für eine verführerisch große Auswahl an Torten und Kuchen – alle in der eigenen Backstube kreiert.

Café Wien
Strandstraße 13, Westerland
Tgl. 9-21 Uhr
Preise: ★★★★★
www.cafe-wien-sylt.de

10

BUNTE *PROMI-TIPP:*

„Mein absolutes Lieblingscafé ist die **Kupferkanne** in Kampen – ein ehemaliger Bunker mit Charme und schönem Garten. In dem unterirdischen Labyrinth fühle ich mich immer ein bisschen wie in Hobbithausen."

JENNIFER KNÄBLE
MODERATORIN UND BLOGGERIN

DARF'S ETWAS *MEER SEIN?*

Auch wenn das Angebot an süßen Frühstücksspeisen auf der Insel riesig ist, starten echte Sylter lieber herzhaft in den Tag. Das Friesenfrühstück wurde einst von Seefahrern erfunden, weil es ordentlich Power gibt. Probieren Sie es doch mal aus…

Nordischer Küchenklassiker: Friesenfrühstück mit frischen Krabben

Bei echten Friesen geht es gern schön deftig zu – und das schon ganz früh am Morgen: Das klassische Seefahrerfrühstück mit Krabben und Kartoffeln hat sich im Laufe der Zeit zu einem Traditionsgericht auf Sylt gemausert.

Besonders beliebt ist die reichhaltige Speise an Feiertagen wie Ostern und Weihnachten. Das Gericht ist zwar simpel, aber es gibt ein Geheimnis: Krabben frisch vom Kutter. Einer der letzten Fischer, die ihren Fang selbst verkaufen, ist Dieter Denker. In Hörnum am Hafen legt er täglich zwischen 11 und 17 Uhr an und verkauft Fisch und Meerestiere mit Frischegarantie (Infos unter www.fisch-vomkutter.de/hoernum_sylt.html).

Zutaten für vier Personen:

600 g Pellkartoffeln, 100 g Krabben, 4 Eier, Speck, Gewürzgurken, Dill, Petersilie, Salz und Pfeffer

Zubereitung:

1. Zunächst den Speck in Streifen schneiden und in der Pfanne schön kross anbraten. Zur Seite stellen.

2. Die Pellkartoffeln in dicke Scheiben schneiden und in Butterschmalz anbraten, mit Salz und Pfeffer würzen.

3. Die Eier in einer kleinen Schüssel verquirlen, würzen und zu den Kartoffeln in die Pfanne geben.

4. Wenn das Ei gestockt ist, die Nordseekrabben hinzugeben und erwärmen. Das Gericht auf Tellern mit dem Speck, den Gewürzgurken und Kräutern anrichten.

KRABBEN *und Kuchen*

1 CAFÉ MATEIKA Westerland / 2 BÄCKEREI INGWERSEN Morsum 3 NIELSENS KAFFEEGARTEN Keitum / 4 BACKSTUUV RANTUM Rantum / 5 DORFLADEN KAMPEN Kampen 6 KONTORHAUS KEITUM Keitum / 7 BÄCKEREI LUND Hörnum 8 VOGELKOJE Kampen / 9 KAFFEERÖSTEREI SYLT Rantum 10 CAFÉ WIEN Westerland

Der imposante viktorianische Bau
aus dem 19. Jahrhundert war einst
Ankunftsort sämtlicher Kurgäste.
Heute gibt es in dem luxuriösen
HOTEL FÄHRHAUS rund 40 feudale
Zimmer und Suiten. Im Erweite-
rungsbau können Gäste in einem
riesigen Spa-Bereich relaxen

SCHÖNER
schlafen

Zehn Top-Hotels für besondere Nächte

OB MIT MEERBLICK, REETDACH ODER INTERESSANTER GESCHICHTE: Das Angebot an Feriendomizilen ist so vielfältig wie die Sylter Naturlandschaft. 7,1 Millionen Übernachtungen verzeichnete die Insel im Jahr 2017, Tendenz steigend. Sämtliche Hotelbetten konnten wir natürlich nicht testen, aber eine Auswahl der zehn besten Adressen gibt es nur hier – für jeden Geschmack und jedes Budget ist etwas dabei!

Das reetgedeckte Friesenhaus hat elf Zimmer und Suiten, die alle nach Pflanzen benannt sind. Ob „Schlüsselblume", „Strandflieder" oder „Wiesensalbei": Jedes Domizil ist mit Designklassikern und Naturmaterialien wie Holz und Leinen eingerichtet – und doch gleicht kein Zimmer dem anderen. Es versteht sich von selbst, dass zum Hotel ein bezaubernder Garten mit vielen stillen Plätzen gehört. Tobt draußen der Wind, entspannen Hotelgäste gern in der Sauna.

HOTEL AARNHOOG

Hotel Aarnhoog / Gaat 13, Keitum
Preise: ★★★★★ / www.aarnhoog.de

11

Die Hochzeitssuite „Schwertlilie" mit freistehender Badewanne

Im Speisesaal des HOTEL AARNHOOG erwartet die Gäste ein Feinschmecker-Frühstück

SO *ROMANTISCH*

12 HOTEL UTHLAND

UTHLAND

Zentral und trotzdem ruhig: das HOTEL UTHLAND in Westerland

WIE IN DEN *HAMPTONS*

Das kleine, feine Familienhotel liegt in einer ruhigen Seitenstraße unweit der Westerländer Flaniermeile Friedrichstraße – es könnte aber auch gut an der US-Ostküste stehen: Die 16 Zimmer sind im Hampton-Look mit viel weißem Holz, Leinenstoffen und maritimen Accessoires eingerichtet. In nur wenigen Gehminuten erreichen Gäste den Hauptstrand, und wer es lieber privat mag, relaxt auf der Gartenterrasse oder lässt sich im Spa des modernen Refugiums verwöhnen.

Hotel Uthland
Elisabethstraße 12, Westerland
Preise: ★★★★★
www.hotel-uthland-sylt.de

KLEINES *GRANDHOTEL*

HOTEL STADT HAMBURG

Das HOTEL STADT HAMBURG ist eine der ältesten Luxusherbergen auf Sylt

Frühstücken kann man hier den ganzen Tag, abends werden die Bettdecken frisch aufgeschüttelt, und selbst die Schuhe können sich Gäste auf Hochglanz polieren lassen. Ach herrlich, in der Westerländer Topadresse ist wirklich jeder Gast König. Mit Antiquitäten, ausgesuchten Stoffen und besonderen Tapeten ist jedes der 70 Zimmer individuell im englischen Landhausstil eingerichtet. Herausragend ist auch das kulinarische Angebot. Bitte nicht vom bescheidenen Namen Bistro täuschen lassen: Es ist mit 13 Gault-Millau-Punkten gekürt.

13

Hotel Stadt Hamburg
Strandstraße 2, Westerland
Preise: ★★★★★★
www.hotelstadthamburg.com

14 HOTEL MIRAMAR

Das traditionsreiche HOTEL MIRAMAR ist eine Institution auf der Insel

Wenn Udo Lindenberg ein Bild namens „Miramar ist wunderbar" für das Hotel malt, muss das im Jugendstil errichtete Logierhaus wirklich besonders sein. Otto Busse wollte 1903 ein Hotel direkt an der Nordsee errichten – und benannte es nach dem Lustschloss bei Triest. Der „Logenplatz am Meer" lockte Schauspieler, Politiker, Adlige und besticht bis heute durch die einzigartige Lage. Wer Seeluft und Geschichte einatmen möchte, ist hier richtig: Dunkles Parkett, Biedermeiermöbel und knarzende Holztreppen entführen in vergangene Zeiten.

Hotel Miramar
Friedrichstraße 43, Westerland
Preise: ★★★★
www.hotel-miramar.de

NOSTALGIE *MIT MEERBLICK*

HOTEL RUNGHOLT

Hotel Rungholt
Kurhausstraße 35, Kampen
Preise: ★★★☆☆
www.hotel-rungholt.de

Vom Zimmer im HOTEL RUNGHOLT blickt man auf den Strand

15 FAMILIEN-IDYLL

Vor der Tür bieten der Kampener Leuchtturm und die Uwe-Düne, die höchste Erhebung, Sylt-Feeling pur. Auch das Hotel selbst symbolisiert ein Stück Inselgeschichte: 1911 wurde das Logierhaus Meeresblick errichtet und bot den ersten Sylt-Touristen ein Zuhause auf Zeit. Der heutige Name Rungholt erinnert an die sagenumwobene Stadt auf Nordstrand. Das Hotel ist perfekt für Familien: Es liegt mitten in Kampen, und der Beach ist vor der Tür. Die hauseigene Reiterbar gilt als Institution auf Sylt. Wer mit dem Pferd kommt, erhält einen Korn aufs Haus.

SEVERIN'S RESORT & SPA

Allein das Dach dieser Luxusherberge ist eine Attraktion: Mit 5000 Quadratmetern ist es das längste zusammenhängende Reetdach Europas. Und auch im Inneren überzeugt das Severin's mit Großzügigkeit: Neben 62 Zimmern und Suiten gibt es 27 Apartments; Spa-Gäste können zwischen vier Themensaunen wählen oder eine private Suite für Anwendungen mieten. Das Fünf-Sterne-Resort ist so vielfältig, dass man es kaum verlassen mag. Ausflüge sind aber sehr zu empfehlen, denn direkt vor der Tür liegt das Wattenmeer.

Severin's Resort & Spa
Am Tipkenhoog 18, Keitum / Preise: ★★★★★★
www.severins-sylt.de

16

Wer in so großen Zimmern wohnt, will gar nicht vor die Tür

Das SEVERIN'S ist berühmt für sein riesiges Reetdach

RESORT DER SUPERLATIVEN

17

Kann man auch für sich allein buchen: Die Außensauna mit Blick ins Grüne

VIKTORIANISCHER STIL

Der Friesen-Stil dominiert im gemütlichen Restaurant

FÄHRHAUS SYLT

Was heute ein feudales Sternehotel ist, war vor 150 Jahren eine rustikale Hafengaststätte – und erste Anlaufstelle für Reisende: Hier erholten sich Sommerfrischler von der schaukelnden Schifffahrt. Die Geschichte des Fährhaus Sylt ist ebenfalls bewegt. In den 50er-Jahren residierten hier Promis wie Freddy Quinn, in den 80er-Jahren waren Obdachlose die selbsternannten Gäste. 1997 wurde das weiße Haus im viktorianischen Stil zum exklusiven Hotel mit riesigem Spa-Bereich umgebaut. Am beliebtesten: Zimmer zur Wattseite.

Fährhaus Sylt
Bi Heef 1, Munkmarsch
Preise: ★★★★★
www.faehrhaus-sylt.de

BUNTE *PROMI-TIPP:*

„Ich mag das **Hotel Benen-Diken-Hof** in Keitum, weil es so herrlich sylterisch ist: gemütlich, freundlicher Service und ein grandioses Frühstück. Nirgendwo anders als hier käme es mir in den Sinn, morgens Krabben oder Heringssalat zu essen."

JULIANE KÖHLER
SCHAUSPIELERIN

Wer hier auf weichgepolsterten Liegen unter alten Bäumen liegt und den Duft der Insel atmet, vergisst schnell den Alltag: Das LANDHAUS STRICKER verwöhnt seine Gäste nicht nur kulinarisch

LANDHAUS STRICKER

ULENHOF WENNINGSTEDT

TOTAL *PRIVAT*

18

Auf der Terrasse am Teich trifft man die Gastgeber zu einem Plausch

In den ULENHOF-Apartments dürfen sich Gäste wie zu Hause fühlen

LANDHAUS STRICKER

Zwei Restaurants gibt es in Holger Bodendorfs Hotel: Im Bodendorf's (acht Gault-Millau-Punkte, vier Varta-Diamanten, ein Michelin-Stern) und im Siebzehn84 serviert der „Koch des Jahres 2018" seinen Gästen südfranzösisch-mediterrane Spitzenküche. Geschmackvoll-modern sind auch die 38 Zimmer und Suiten eingerichtet. Es gibt ein privates Spa und einen Fitnessbereich – falls einer die Kalorien nach dem Schlemmen wieder zügig abtrainieren will. Top-Service ist Bodendorfs Credo: Kinder und Hunde heißt der Gastgeber besonders willkommen.

Landhaus Stricker
Boy-Nielsen-Straße 10,
Tinnum
Preise: ★★★★
www.landhaus-stricker.com

19

Im LANDHAUS STRICKER trifft Eleganz auf Gemütlichkeit

Holger Bodendorf ist ein Top-Gastgeber und Starkoch

FÜR *GOURMETS*

Ulenhof Wennigstedt / Friesenring 1–, Wennigstedt-Braderup / Preise: ★★★ ✩ ✩ / www.ulenhof.de

Verwöhnprogramm: Massagen, Saunen und ein Schwimmbad gibt es im Badehaus

Ferienwohnung oder Hotel – an dieser wichtigen Urlaubsfrage scheiden sich ja bekanntlich die Geister. Warum also nicht einfach beides kombinieren? Wer Rückzugsmöglichkeiten wünscht, aber in den Ferien nicht einkaufen und putzen will, ist im Ulenhof genau richtig: Hier kann man zwischen Apartments in verschiedenen Größen wählen. Alle Unterkünfte sind stilvoll mit Designklassikern eingerichtet, und Gäste können das Badehaus mit Saunen, Schwimmbad und Wellness-Anwendungen nutzen. Für große Familien gibt es sogar zwei moderne Doppelhaushälften mit eigenem Garten.

HOTEL HOF GALERIE

Die ruhige Terrasse liegt inmitten von Wiesen und Feldern

Einst war das schicke HOTEL HOF GALERIE ein Bauernhof

Die „Hotallery" – also ein Mix aus Hotel und Galerie – lockt Designfans, die sich nach Ruhe und Inspiration sehnen: In jedem der 20 individuell eingerichteten Zimmer finden sich Arbeiten von auf Sylt lebenden Künstlern. Malerisch sind auch die liebevoll gestaltete Terrasse und der natürlich angelegte Garten. Hier genießen die Gäste am Nachmittag hausgemachten Kuchen. Sollte das Wetter einmal schlecht sein, laden ein Kaminzimmer oder der Spa-Bereich zum Entspannen ein.

DIE KUNST DES *AUSSPANNENS*

20

Hotel Hof Galerie / Serkwai 1, Morsum
Preise: ★★★ ✩ ✩ / www.hotelhofgalerie.de

EIN ZUHAUSE
AUF (INSEL)ZEIT

Zugegeben: Sylter Hotels sind relativ teuer. Preiswerter und besonders gemütlich wohnt man in einem der vielen Ferienhäuser, authentisches Inselfeeling inklusive.

Schöner wohnen: ein typisches Reetdachhaus in Kampen

Keine Bange, die Häuser sind alle im tipptopp Zustand: Weil ein verlotterter Vorgarten auf der Insel nicht geduldet wird, beauftragen Besitzer in der Zeit ihrer Abwesenheit Gärtner, Hausmädchen und Handwerker mit Rasenmähen, Bettenmachen, Heizen, Lüften und Reparieren. Eine – wenn auch leere – Mülltonne vor der Tür soll zudem potentielle Einbrecher fernhalten.

Was für ein romantischer Gedanke: Endlich mal ganz weit weg von Zuhause sein, und sich dennoch richtig heimisch fühlen. Der Sylt-Tourist, der keiner sein will, residiert am liebsten in einem der vielen Ferienhäuser oder Apartments – eintauchen in die Welt der Insulaner. Schlafen, kochen, fernsehen, als wären es die eigenen vier Wände. Mit den Nachbarn den neuesten Dorfschnack austauschen und den Postboten freundlich grüßen. Für ein paar Tage so tun, als würde man selbst auf der Insel leben – oder wenigstens ein Ferienquartier hier besitzen. Am beliebtesten sind die typisch friesischen Reetdachhäuser. Wenn schon authentisch urlauben, dann doch bitte richtig! Ökonomisch ist die Vermietung der Eigenheime sowieso: Viele Immobilien sind im Besitz von Millionären, die nur ein paar Tage im Sommer vorbeikommen. Da ist es doch praktisch, wenn die Bude zwischenzeitlich bewohnt wird.

Man darf sich nichts vormachen: Mit so manch einem Feriendomizil bucht man vorgetäuschtes Leben. Immerhin kann man es für kurze Zeit aber selbst zum Leben erwecken.

Hell, hübsch und heimelig: Wohnzimmer statt Hotelzimmer

Die Agentur „Appartements & Mehr" vermietet in Kampen besonders hübsche Domizile. Wer nur für einen Tag in einem typischen Sylt-Haus wohnen will, checkt morgens ein und abends aus. Mehr unter www.kampeninfo.de

SCHÖNER *schlafen*

11 HOTEL AARNHOOG Keitum / 12 HOTEL UTHLAND Westerland / 13 HOTEL STADT
HAMBURG Westerland / 14 HOTEL MIRAMAR Westerland / 15 HOTEL RUNGHOLT
Kampen / 16 SEVERIN'S RESORT & SPA Keitum / 17 FÄHRHAUS SYLT Munkmarsch
18 ULENHOF WENNINGSTEDT Wenningstedt-Braderup / 19 LANDHAUS STRICKER
Tinnum / 20 HOTEL HOF GALERIE Morsum

STARS AUF SYLT: Die deutsche Nordseeinsel ist ein echter Promi-Magnet. Ob beim Feiern, Baden oder Shoppen – bekannte Gesichter sind zwischen Hörnum im Süden und List im Norden sehr präsent. In den 60er-Jahren machte Playboy Gunter Sachs Sylt weltberühmt. Heute trifft man hier gern mal Prominente wie Moderatorin Sylvie Meis (l.), Hollywoodschauspieler Patrick Dempsey (o., mit Rennfahrer Mark Webber), Fußballtrainer Jürgen Klopp (r., mit Gattin Ulla) sowie das Damen-Trio Gabriele Renate Inaara Prinzessin zu Leiningen, Renate Thyssen-Henne und Sabine Christiansen (u., v. l.)

PROMI-
Watching

Hier trifft man die VIPs

ALS HOTSPOT FÜR STARS UND STERNCHEN ist Sylt schon seit den 60er-Jahren berühmt. Damals feierte der Jetset um Gunter Sachs und Brigitte Bardot noch wilde Sausen im Pony Club, heute sucht die deutsche Prominenz aus Film und Politik nicht nur Party, sondern auch Erholung. Wo die Stars wohnen, dinieren, golfen und – oh, là, là – nackig baden? Hier kommen unsere Tipps …

RAUCHFANG

LEGENDÄRE *AUSSENBAR*

Vor allem an Pfingsten der ultimative Partytreff: Nach dem Dinner im edlen Restaurant (Wiener Schnitzel ist ein Klassiker) tummeln sich draußen an der Bar nicht nur Party-People, sondern auch bekannte Schauspieler oder Sportler. Falls es regnet, halten Wärmelampen und große Schirme die Temperatur – aufgeheizte Feierstimmung gibt es sowieso. Wer nicht auf Halligalli steht, kann auch am Nachmittag entspannt einen Drink auf der Terrasse nehmen. Da kommt es gern mal vor, dass Moderator Günther Jauch am Nebentisch sitzt.

Der RAUCHFANG ist ein beliebter Partytreff an Pfingsten

Rauchfang / Strönwai 5, Kampen / Tgl. ab 12 Uhr
Preise: ★★★★☆ / www.rauchfang-kampen.de

Gemütlicher Gastraum im MANNE PAHL

Dream-Team: Der Schweizer Pius Regli führt das Restaurant mit Tochter Sarah

22

WILDER *MIX*

MANNE PAHL

Alpiner Berghüttencharme trifft auf nordischen Landhausstil – auch der Menschenmix im Kampener Szenelokal ist bunt. Besitzer Pius Regli, gebürtiger Schweizer, kam 1986 in den Norden, weil ihm der Kinofilm „Heißer Sand auf Sylt" gefallen hatte. Heute ist er selbst eine Insellegende und lockt so manch einen Promi auf seine beheizte Terrasse. Kulinarisch reicht das Angebot vom „Pahlburger" mit Trüffelmayo über Matjes nach Hausfrauenart bis zur Rinderroulade. Berühmt ist sein Pflaumenkuchen.

Manne Pahl / Zur Uwe Düne 2, Kampen / Tgl. ab 10 Uhr
Preise: ★★★☆☆
www.manne-pahl.de

SANSIBAR

Früher Kiosk, heute Kultlokal und VIP-Magnet. Jürgen Klopp, Thomas Gottschalk, Sigmar Gabriel, Rosalie van Breemen: Die Strandbude im Sylter Süden ist Promitreff Nummer eins und beliebte Location für Geburtstagspartys. Wirklich wichtige Leute erkennt man übrigens daran, dass diese in der Sansibar sofort einen Tisch bekommen. Doch wie ein Star soll sich bei Gastronom Herbert Seckler jeder Gast fühlen! Besonders schön ist ohnehin ein Platz draußen auf den Holzstufen vor der Hütte – wo man mit einer Erdbeerbowle in der Hand und den Füßen im Sand den Sonnenuntergang genießt.

23

Sansibar
Hörnumer Straße
80, Rantum
Tgl. ab 10.30 Uhr
Preise: ★★★★☆
www.sansibar.de

Sandkasten der VIPs: Die legendäre SANSIBAR lockt viele Promis

BERÜHMTE
BRETTERBUDE

Nach dem Turnier gibt's auf der Strönholt-Terrasse köstliche Snacks

24

GOLFCLUB BUDERSAND

VIP-
RASEN

Was haben Schauspieler Fritz Wepper, Komiker Mike Krüger und Schönheits-Doc Werner Mang gemeinsam? Sie kommen nach Sylt, um ihre Spielkunst zu beweisen. Golfer, die was auf sich halten, trifft man im Budersand. Die Top-Adresse an der Sylter Südspitze gilt als bester Links-Course der Republik. Die Nähe zum Meer, die harten und schnellen Fairways und Grüns, der sandige Boden und die steife Brise sind einzigartig – selbst für Könner eine echte Herausforderung.

Abschlag mit Aussicht: Der Golfplatz BUDERSAND gilt als bester Links-Course Deutschlands

GC Budersand
Fernsicht 1, Hörnum
Preise: ★★★★★
www.gc-budersand.de

Die besten Plätze gibt es im gemütlichen Garten mit Außenbar

PROMI-*PARADIES*

25

GOGÄRTCHEN

Im Restaurant gibt's Sylter Royal Austern, Trüffelpizza oder Krabbenstullen

Als Margret Gogarten 1951 ein kleines Café in Kampen eröffnete, hätte sie sich nicht träumen lassen, dass dieses sich zu einer Institution mausern würde. Heute ist das Reetdachhaus auf der Whiskymeile beliebte Anlaufstelle der Reichen und Schönen. Warum? Es liegt mitten im Nobelort Kampen, im gemütlichen Garten hinterm Haus fühlt man sich gut abgeschirmt, und es gibt richtig herrliche Drinks! Beste Zeit für einen Besuch? Am frühen Abend auf einen Sundowner an der Außenbar.

Gogärtchen / Strönwai 12, Kampen
Tgl. ab 13 Uhr / Preise: ★★★★☆
www.gogaertchen.com

BUNTE *PROMI-TIPP:*

„In der idyllisch gelegenen **Vogelkoje** stillen Promis gern nachmittags ihren Küchenjieper. Wenn man am Strand von Kampen nordwärts wandert, kommt man zur **Buhne 16**, wo Hinz und Kunz, aber auch Leute, die was auf sich halten, Champagner schlürfen."

DIETER HALLERVORDEN
SCHAUSPIELER

STRANDABSCHNITT STURMHAUBE

Kurz nach Sonnenaufgang fahren auf dem Parkplatz Sturmhaube Persönlichkeiten aus Politik und TV im Bentley vor – oder sie kommen mit dem Fahrrad. Nur mit einem Bademantel bekleidet geht's dann zu Fuß weiter Richtung Wasser für ein morgendliches Bad in den Fluten. Hier hat man sogar schon Altkanzler Gerhard Schröder splitterfasernackt schwimmen gesehen. Definitiv die Geheimadresse, um den Stars einmal „ganz natürlich" zu begegnen. Interessierte Zuschauer müssen aber früh aufstehen. Nach 8.30 Uhr ist das Nackedei-Spektakel vorbei.

Strandabschnitt Sturmhaube
Parkplatz Rieperstieg,
Bereich L-N, Kampen

Der STRANDAB-SCHNITT STURM-HAUBE ist ein Naturparadies für FKK-Liebhaber

NACKT-*BADEN*

26

27

Die hübschen Reetdachhäuser sind häufig Zweitwohnsitz und Feriendomizil

DAS ZUHAUSE DER *SUPERREICHEN*

Teuerstes Pflaster: Im HOBOKEN-WEG in Kampen wohnen die Superreichen

HOBOKEN-WEG

Die teuerste Straße Deutschlands ist eine Sackgasse. Im Hoboken-Weg kostet der Quadratmeter bis zu 40 000 Euro. Warum? Das Angebot an denkmalgeschützten Reetdachhäusern mit Blick aufs Nordseewatt ist rar, die Nachfrage riesig. So soll Unternehmer Ralph Dommermuth für sein Domizil mehr als 20 Millionen Euro hingeblättert haben – ohne Umbaukosten. Wer Manager und Konzernchefs hier treffen will, muss Glück mitbringen. Die meisten Immobilien werden nur als Ferienhäuser genutzt.

Hoboken-Weg / Kampen
Preise: ★★★★★

Für viele findet hier das typische Sylt-Sommer-leben statt – die legendäre BUHNE 16. An warmen Tagen trifft man hier alle: Millionäre, die für ein Glas Wein und ein Krabbenbrot geduldig in der Schlange stehen, blonde Schönheiten mit großen Sonnenbrillen, knappen Shorts und Schmusehündchen sowie Kinder, die selbstgebastelten Muschelschmuck und Freundschaftsbänder feilbieten

UNSER STAR

BUHNE 16

SYLT FITNESS

Das Industriegebiet in Tinnum ist wenig charmant und überhaupt nicht mondän. Trotzdem gibt es hier einen Parkplatz mit ungewöhnlich hohem Porsche-Aufkommen: vor Sylts größtem Fitnessstudio. Wer nicht nur reich, sondern auch schön sein will, muss schließlich was für den Körper tun. Auf 1500 Quadratmetern sieht man öfter mal Promis beim Personal Training und Millionäre, die an der Hantelbank ihre Muskeln stählen. Manch ein Star schwitzt nach dem Sport sicher auch in der Sauna ...

Bei SYLT FITNESS in Tinnum pumpen die Promis

28

MUCKIS UND *MONETEN*

Sylt Fitness / Am Hangar 8, Tinnum / Mo-Fr 7.30-22 Uhr, Sa, So 8.30-18 Uhr / Preise: ★★★☆☆ / www.syltfitness.de

STRÖNWAI *29*

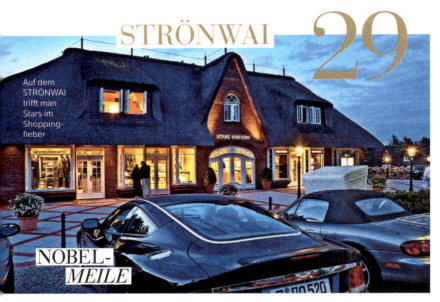

Auf dem STRÖNWAI trifft man Stars im Shoppingfieber

NOBEL-*MEILE*

Louis Vuitton, Burberry, Bottega Veneta: Kampens Hauptstraße zieht Promis und Touristen an. Weil hier wenig Einheimische shoppen, sind einige Stores in der Nebensaison geschlossen – fürs Promi-Watching empfehlen wir ein Wochenende im Sommer. Neben den Luxusboutiquen in traditionellen Reetdachhäusern locken aber auch edle Restaurants, Bars und der legendäre Pony Club. Der Strönwai ist übrigens auch unter dem Namen Whiskymeile bekannt, weil hier seit den 60er-Jahren wilde Partys stattfinden.

Strönwai
Kampen
Preise: ★★★★★

BUHNE 16

Schon in den 1960er-Jahren war das Bistro Treffpunkt von Stars und Sternchen: Vor allem Playboy Gunter Sachs und seine damalige Frau Brigitte Bardot feierten hier exzessive Beachpartys und machten die Buhne 16 weltberühmt. Auch heute noch tanzen hier Promis wie Model Toni Garrn – wenn auch nicht mehr so wild. Die Betreiber der Buhne 16 mögen es entspannt und veranstalten Festivals mit chilliger Lounge-Musik. Berühmt ist das Strandbistro auch für fangfrische Makrelen, Rosinenkuchen und den spektakulären Sonnenuntergang.

Buhne 16 / Listlandstraße 133b, am Strand, Kampen
Preise: ★★★☆☆ / www.buhne16.de

Unser Food-Tipp: frische Makrelen vom Grill

30

AM MEER CHILLEN

Erst surfen, dann feiern: Im September veranstaltet die BUHNE 16 ein Longboard-festival

HIER RUHEN
DIE VIPS

Der Lieblingsfriedhof vieler bekannter deutscher Persönlichkeiten liegt auf Sylt. Die Keitumer Pastorin Susanne Zingel spricht mit BUNTE über „Bestattungstourismus" und vergänglichen Promistatus …

Frau Pastorin Zingel, was muss man tun, um auf dem Friedhof von St. Severin begraben zu werden?

Manch einer munkelt, dass es Wartelisten gibt oder dass man in den Kirchenchor eintreten muss, um sich Vorteile zu verschafften. Alles Seemannsgarn. Menschen, die hier ihre letzte Ruhe finden wollen, müssen nicht einmal aus der Gemeinde stammen. In der Tat ist die Nachfrage aber so hoch, dass der Fried-

Pastorin Susanne Zingel wacht über den Lieblings-friedhof prominenter Sylt-Fans

hof – im Gegensatz zu vielen anderen – mit einem ausgeglichenen Haushalt bewirtschaftet werden kann. Auswärtige sind mit 70 Prozent aller Bestattungen stark vertreten.

Warum wollen so viele Menschen hier begraben werden?
Der Friedhof hat alle Stürme und Fluten überstanden. So gesehen sind die zwei Hektar ein Zeugnis dafür, dass es bei aller Veränderung etwas Bleibendes gibt. Mit der Vielzahl an Pflanzen, Bäumen und Kunst herrscht hier sogar viel Leben, der Blick aufs Wattenmeer ist einmalig. Es ist ein Ort, an dem der Gedanke an den Tod erträglich ist. Viele Menschen verbinden Sylt mit einer besonders schönen Zeit in ihrem Leben und wissen, dass ihre Angehörigen sich darauf besinnen, wenn sie am Grab stehen.

Welche prominenten Gräber kann man hier entdecken?
Besucher suchen oft lange nach den Ruhestätten von Rudolf Augstein, Peter Suhrkamp oder Fritz Raddatz, man übersieht sie leicht. Die Grabsteine sind überraschend klein und schlicht – ein Ausdruck würdevoller Demut. Promistatus spielt im Erscheinungsbild des Friedhofs nämlich genauso wenig eine Rolle wie im Angesicht des Todes.

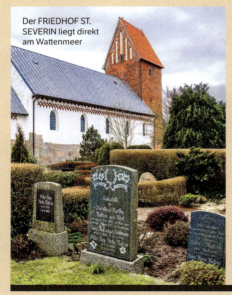

Der FRIEDHOF ST. SEVERIN liegt direkt am Wattenmeer

PROMI-*Watching*

21 RAUCHFANG Kampen / 22 MANNE PAHL Kampen
23 SANSIBAR Rantum / 24 GOLFCLUB BUDERSAND
Hörnum / 25 GOGÄRTCHEN Kampen / 26 STRAND-
ABSCHNITT STURMHAUBE Kampen / 27 HOBO-
KEN-WEG Kampen / 28 SYLT FITNESS Tinnum
29 STRÖNWAI Kampen / 30 BUHNE 16 Kampen

Ein romantischer Rückzugsort
ist die violettfarbene Landschaft
am WATTENMEER bei List.
Krähenbeere (Blütezeit April/
Mai), Glockenheide (Juli)
und Besenheide (August/Sep-
tember) sind die typischen
Heidearten auf Sylt

SYLT –
natürlich schön

Ab nach draußen!

EGAL BEI WELCHEM WETTER: In der Natur ist es
auf Sylt einfach am schönsten! Wer denkt, dass es an
der Nordseeküste nur Sand und Meer gibt, täuscht
sich gewaltig. Auf der Insel kann man durch einen
Urwald spazieren, über Heidelandschaften wandern,
bei der Weinernte helfen – und es gibt sogar Dünen,
die an die Sahara erinnern. Entdecken Sie die zehn
schönsten Ausflugsziele am Land und im Meer ...

Wie in den Hamptons: feiner, weißer Sandstrand im Süden

Noch kann man an der HÖRNUM-ODDE spazierengehen

NATURGEWALT *NORDSEE*

Sylt-Feeling pur: Ferienhäuser mitten in den Dünen

31 HÖRNUM-ODDE

An keinem Fleck der Insel fürchtet man Sturmfluten so wie im Süden. Jahr für Jahr wird die Inselspitze schmaler und die Vergänglichkeit von Sylt sichtbarer: Dauerte eine Wanderung um die Odde vor 30 Jahren noch rund drei Stunden, brauchen Spaziergänger heute nur 90 Minuten. Weniger schön ist die Wanderung aber nicht: Die ins Meer ragende Landzunge bietet fantastische Ausblicke auf die Nachbarinseln, und mit etwas Glück kann man eine Gruppe Schweinswale im Meer entdecken.

Hörnum-Odde / Sylter Südspitze, Hörnum / Preise: ★★★★★

BUNTE *PROMI-TIPP:*

„Am liebsten miete ich mir ein Fahrrad und fahre frühmorgens durch die Dünen nach List, um am **Ellenbogen** spazieren zu gehen. Dann ist noch nicht viel los, und man ist fast alleine in der herrlichen Natur. Sollte ein Sturm aufkommen, kann man für den Rückweg das Rad auch mit in den Bus nehmen."

JANNI HÖNSCHEID
SURF-WELTMEISTERIN

VOGELSCHUTZGEBIET

Das Rantumbecken ist ein Paradies für Hobby-Ornithologen. Rund 50 verschiedenen See- und Wasservogelarten bietet das Naturschutzgebiet Nahrungs-, Brut-, und Rastfläche. Vor allem im Frühjahr und Herbst findet hier ein besonderes Schauspiel statt: Tausende Küstenvögel legen in riesigen Schwärmen auf ihren Zügen nach Südeuropa im Rantumbecken eine Rast ein. Wer mehr über das Biotop erfahren will, kann an einer Führung des Vereins Jordsand teilnehmen.

Vogelschutzgebiet Rantumbecken
Hafenstraße, Rantum / Preise: ★ ★ ★ ★ ★
www.jordsand.de

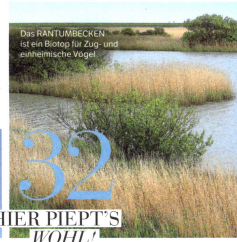

Das RANTUMBECKEN ist ein Biotop für Zug- und einheimische Vögel

Eine Küstenseeschwalbe auf Beutefang

32

HIER PIEPT'S
WOHL!

BRADERUPER HEIDE

BRADERUPER HEIDE: 137 Hektar in zartem Violett

33

Braderuper Heide
Üp de Hiir
Wenningstedt-Braderup
Geführte Wanderungen Mai-Sep
Preise: ★ ★ ★ ★ ★
www.naturschutz-sylt.de

LANDSCHAFT
IN LILA

Rund 140 Hektar groß ist das Naturschutzgebiet auf der Ostseite der Insel. Inmitten einer hügeligen Landschaft haben rund 2500 Tier- und 150 Pflanzenarten ihrer Lebensraum – viele der Pflanzen stehen auf der Roten Liste, weil sie vom Aussterben bedroht sind. Die lilablühende Heidelandschaft ist ein Geheimtipp für Ruhesuchende. Kaum einer Menschenseele begegnet man hier, dafür aber freilaufenden Schafen. Und falls doch mal ein anderer Spaziergänger in Sichtweite ist, könnte es Sänger Reinhard Mey sein, der ein Haus in der Nähe besitzt.

TIERISCH *SPANNEND*

Bei SEEHUNDS-
FAHRTEN kann
man Robben
ganz nah
kommen

34

SEEHUNDSFAHRT

Nordfriesland ist der Lebensraum von Seehunden und Kegelrobben. Wer die Tiere aus der Nähe beobachten will, kann mit einem der Ausflugsschiffe ab Hörnum oder List zu ihren Ruheplätzen im Unesco-Weltnaturerbe Wattenmeer fahren. Besonders spannende Einblicke in die Unterwasserwelt der Nordsee bieten Touren mit Seetierfang: Während der 90-minütigen Fahrt zu den Seehundbänken wird ein Schleppernetz ins Wasser gelassen. Je nach Ausbeute können die Passagiere Krebse, Seesterne und Muscheln sehen und etwas genauer untersuchen.

Seehundsfahrten / Preise: ★★★ ✩ ✩ / www.adler-schiffe.de

Der SYLTER WEIN-
BERG gehört zum
Weingut Ress aus
dem Rheingau

35

WEINBERG

Trauben auf Sylt anbauen? Was nach einer Schnapsidee klingt, setzte Christian Ress in die Tat um: Seit 2009 betreibt der Winzer im Kapitänsdorf Keitum den nördlichsten Weinberg Deutschlands. Auf 3000 Quadratmetern wachsen Solaris- und Rivaner-Reben, denn diese Sorten sind für kühlere Gegenden geeignet. Dass der Inselwein so prächtig gedeiht, wundert viele, doch Sylt hat mit 1714 Sonnenstunden sogar 130 mehr als der Rheingau. Die größte Herausforderung hatte aber niemand bedacht: Fasane haben die Trauben entdeckt und lieben deren Geschmack.

SELTENER *TROPFEN*

Sylter Weinberg
Südlich der Kirche
St. Severin, Keitum
Preise: ★★★ ✩ ✩
www.balthasar-ress.de

WALD AN DER VOGELKOJE

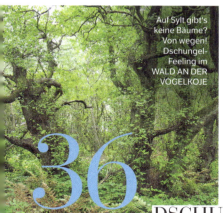

Auf Sylt gibt's keine Bäume? Von wegen! Dschungel-Feeling im WALD AN DER VOGELKOJE

Als „Lister Urwald" ist das verwilderte Grün bekannt. Tiger und Affen findet man hier natürlich nicht, dafür aber sumpfiges Gelände sowie viele Kletter- und Schlingpflanzen. In den 1950er-Jahren wurde der Wald als Kurpark errichtet, doch heute ist das Gelände touristisch kaum erschlossen. Mit etwas Glück kann man Brombeeren und Mirabellen pflücken, und wer auf dem Spaziergang richtig Appetit bekommt, so lte in der Vogelkoje einkehren. Das gemütliche Restaurant hat einen hervorragenden Mittagstisch.

Wald an der Vogelkoje / Zugang: Am Buttergraben oder Am Brünk, List
Preise: ★ ☆ ☆ ☆ ☆

36

DSCHUNGEL-*FEELING*

SPAZIERWEG MUNKMARSCH

Perfekte Selfie-Kulissen: Wer gern fotografiert, kann auf dieser Panorama-Route das Wattenmeer, den schwarz-weißen Leuchtturm, reetgedeckte Friesenhäuser und unberührte Heidelandschaften festhalten. Kaum eine Wanderstrecke ist abwechslungsreicher als die vom Munkmarscher Hafen bis nach Kampen. Nach rund einer Stunde erreichen Spaziergänger die Kupferkanne, wo sie sich im verwunschenen Garten mit einem Stück ofenwarmen Kuchen für den Rückweg stärken können.

Munkmarsch / Startpunkt: Hafen
Preise: ★ ☆ ☆ ☆ ☆

37

Die Wanderroute im Osten der Insel führt am Wattenmeehr entlang

WAS FÜR *EINE AUSSICHT*

Die ersten Schritte kosten etwas Überwindung: Wenn man barfuß ins WATT schreitet und der kühle Schlick durch die Zehen quillt – dann schaut man etwas betreten auf seine Schlammfüße. Aber es ist herrlich, bei Ebbe das Watt zu erkunden, und die scheinbar endlose Weite zu genießen. Bevor die Flut kommt, sollte man allerdings wieder an Land sein!

UNSER STAR

WATTENMEER

ELLENBOGEN

Am nördlichste Strand Deutschlands ist das Baden streng verboten

Hier endet Deutschland: der ELLENBOGEN in List

GANZ *OBEN*

38

Wahrzeichen der Insel und Postkartenmotiv: der Leuchtturm im Norden

Die Insel hat einen Haken! An der Nordspitze geht Sylt von West nach Ost in eine Landenge über, die wie ein Haken oder eben wie ein Ellenbogen aussieht. Die drei Quadratkilometer große Halbinsel befindet sich in Privatbesitz, deshalb zahlen Autofahrer fünf Euro Maut. Dafür gibt's unberührte Natur mit zotteligem Dünengras, Schafen, zwei Leuchttürme und Ruhe. Die Postkartenidylle inspirierte auch Filmemacher Roman Polanski: Der nördlichste Punkt der Republik ist Schauplatz in seinem Politthriller „Ghostwriter".

Halbinsel Ellenbogen
List
Preise: ★★ ☆ ☆ ☆

WANDERWEG NACH MORSUM

Auf Sylt sind Fahrräder die beliebtesten Fortbewegungsmittel. Eine besonders schöne und ruhige Strecke ist der rund zehn Kilometer lange Weg, der am Rantumbecken beginnt und zwischen Nössedeich und Wattenmeer nach Morsum führt. Sogar in der Hochsaison sind hier wenige Menschen unterwegs, dafür aber hunderte freilaufende Schafe. Etwas Zeit muss man für die Route einplanen, denn die Tiere blockieren gern mal den Weg. An heißen Tagen empfiehlt es sich, die Schwimmsachen einzupacken: Auf der Höhe von Morsum gibt es eine kleine Badestelle.

Auf dem WANDERWEG begegnet man Schafen

SCHÄFCHEN ZÄHLEN

39

An Sommertagen kann man zur Abkühlung einen Badestopp machen

Wanderweg nach Morsum / Startpunkt: Rantumbecken, Hafenstraße, Rantum / Preise: ★☆☆☆☆

WATTENMEER **40**

Spaß im Matsch: Im WATTENMEER gibt es viel zu entdecken

Alle sechs Stunden wechseln sich Flut und Ebbe ab. Da, wo eben noch Fische schwammen, können Wattwanderer Strandkrabben und Würmer finden. Ganz besonders ist aber auch das Gefühl, barfuß die drei verschiedenen Watttypen zu erkunden: Mal geht es über festen, grobkörnigen Sandwattboden, mal durch matschiges Mischwatt und an einigen Stellen steht man knietief im Schlick. Je nach Geschmack gibt es verschiedene Touren, Wanderungen auf eigene Faust sind zu gefährlich.

DURCH DEN MATSCH

Wattenmeer / Mehr Informationen: www.insel-sylt.de/ausfluege-auf-sylt Preise: ★★☆☆☆

DIE BERGE
DER NORDSEE

Die bekannteste heißt Uwe, eine andere wird Sahara genannt: Insulaner und Urlauber haben eine ganz besondere Bindung zu den Dünenlandschaften auf Sylt.

UWE-DÜNE: die höchste Erhebung auf Sylt misst 52,5 Meter

Süddeutsche werden schmunzeln, wenn Einheimisch stolz von ihrem Wanderparadies schwärmen. Stimmt schon, um die höchste Erhebung der Insel – die Uwe-Düne in Kampen – zu erklimmen, muss man nur 109 Stufen nehmen. Mit 52,5 Metern ist der Sandhügel nicht sonderlich hoch, doch die Faszination für den Aussichtspunkt ist riesig. Warum die nach Jurist und Schriftsteller Uwe Jens Lornsen benannte Düne eine der beliebtesten Ausflugsattraktionen ist? Bei klarer Sicht kann man von hier aus im Norden die dänische Halbinsel Röm erkennen, im Osten den Hindenburgdamm, im Süden blickt man auf Westerland und im Westen auf das Rote Kliff. Sehenswert sind auch die zwei Kilometer langen Wanderdünen in List. Betreten darf man sie zwar nicht, aber auch aus der Ferne betrachtet ist die „Sylter Sahara" ein beeindruckendes Naturphänomen und Fotomotiv. Durch den Wind wandern die Dünen etwa vier Meter im Jahr Richtung Osten. Es gehört zum ultimativen Nordseefeeling, einen der vielen Dünenwege entlang zu spazieren: Über Holzplanken die Sandhügel rauf und runter zu laufen, das Meeresrauschen in den Ohren, vorbei an Gräsern und Strandhafer. Die Bepflanzung dient übrigens dem Dünenschutz, denn die Wurzeln verhindern Erosionen. Bittere Ironie: Einst waren es Wind und Wasser, die diese besondere Landschaft formten. Heute sind ausgerechnet diese Naturgewalten ihr größter Feind.

Der Jurist Uwe Jens Lornsen setzte sich für ein unabhängiges geeintes Schleswig-Holstein ein

SYLT – *natürlich schön*

31 HÖRNUM-ODDE Sylter Südspitze, Hörnum / 32 VOGEL-
SCHUTZGEBIET RANTUMBECKEN Rantum / 33 BRADERUPER
HEIDE Wenningstedt-Braderup / 34 SEEHUNDSFAHRTEN Ab
Hörnum oder List / 35 SYLTER WEINBERG Keitum / 36 WALD
AN DER VOGELKOJE List / 37 SPAZIERWEG MUNKMARSCH
Munkmarsch / 38 HALBINSEL ELLENBOGEN List
39 WANDERWEG NACH MORSUM / 40 WATTENMEER

In einem denkmalgeschützten alten Kapitänshaus in Kampen kuratiert die Hamburger Designerin Birgit Gräfin Tyszkiewicz ihre Modekreationen, besonderen Schmuck und Accessoires. Auch das hübsche Interieur in der Boutique ROMA E TOSKA möchte man direkt shoppen

SHOPPEN
& stöbern

Die schönsten Stores und Souvenirläden

DER STRÖNWAI IST DEUTSCHLANDS NÖRDLICHSTE LUXUSMEILE – und viele behaupten sogar, es sei auch die schönste. Aber auch abseits von Kampen bietet die Insel besondere Einkaufserlebnisse. Ob maritime Souvenirs, handgemachte Seifen und Schokoladen, Wasserspielzeug für Hunde oder einen Strandkorb, wie ihn auch Karl Lagerfeld besaß: Diese zehn Hotspots sind einzigartig!

WENN DIE FLOCKEN
LOCKEN

Für den gesunden Start in den Tag: Hafer-Porridge von Kölln

Exklusiv und von Hand produziert: die „Müsli-Mische" – so einzigartig wie die Insel

Friesisches Knusper Müsli mit roten Beeren und weißer Schokolade

INSPIRIERT DURCH:

SYLT TOURISMUS-SERVICE

KÖLLN KLEINES HAFERLAND SYLT

Direkt an der Seepromenade von Westerland liegt das Ladengeschäft Kleines Haferland – eine großartige Adresse für Hafer-Fans. Urlauber decken sich hier gern fürs Frühstück in der Ferienwohnung ein oder kaufen die „Sylter Müsli Mische" (ein friesisches Knuspermüsli mit roten Beeren) als Souvenir für daheim. Was tun, falls einen direkt im Store der Hunger packt? Eines der köstlichen Bircher Müslis aus der Theke schnappen und spontan am Strand picknicken.

Kölln Kleines Haferland Sylt / Strandstraße/Seepromenade, an der Musikmuschel, Westerland
Mo-Sa 10-18 Uhr, So 11-17 Uhr / Preise: ★★☆☆☆ / www.koelln-kleines-haferland-sylt.de

Kernig und köstlich: Das KÖLLN KLEINES HAFERLAND SYLT ist ein Paradies für Müsli-Fans

41

Der Douglas-Store im roten Backsteinhaus

BEAUTY-*TEMPEL*

42

DOUGLAS

Douglas / Hauptstraße 13, Kampen
Mo-Sa 10-18 Uhr, So 11-17 Uhr
Preise: ★★★★ / www.douglas.de

Beauty-Addicts finden hier ein kleines Paradies unterm Reetdach! Dort, wo der Strönwai – vielleicht eher bekannt unter dem Namen Whiskymeile – beginnt, hat die Parfümeriekette Douglas im Wiir-Hüs ihren ersten Store mit neuem Logo und exklusivem Konzept eröffnet. Hier kann man nicht nur exklusive Düfte schnuppern, sondern auch die angesagtesten Doctor-Brands und Luxusmarken shoppen. Noch etwas Besonderes vor? Dann einfach einen der Make-up-Termine buchen!

SYLT-STRANDKÖRBE

Sylt-Strandkörbe
Hafenstraße 10, Rantum
Mo-Fr 10-18 Uhr
Preise: ★★★★
www.sylt-strandkoerbe.de

43

SYLT-STRAND-KÖRBE: Das Flechten der Rahmen dauert rund neun Stunden

Jürgen Klopp sonnt sich darin im heimischen Garten, Karl Lagerfeld orderte seinen mit grün-weißem Stoffbezug: einen Strandkorb von Willy Trautmann. In dritter Generation führt der Tischler die Sylter Strandkorbmanufaktur und es gibt keinen Wunsch, den er nicht erfüllt – sogar ein Soundsystem mit Möwengeschrei hat er bereits eingebaut. Rund 1000 Körbe (Preis ab ca. 1500 Euro) verlassen jährlich die Werkstatt, sie stehen auf der ganzen Welt. Nur auf Sylt findet man sie selten, da sie der Gemeinde zu teuer sind.

URLAUB *FÜR ZUHAUSE*

44

IRIS VON ARNIM

In den 90er-Jahren wurde der Store von IRIS VON ARNIM eröffnet

IRIS·ARNIM

Auf Sylt verkaufte die Designerin in den 70er-Jahren ihre ersten Kaschmirpullover, in den 90ern folgte der Laden in Kampen – heute ist sie für feinen Strick weltweit berühmt. Mit etwas Glück kann man Iris von Arnim in ihrer reetgedeckten Boutique treffen: Die Sommermonate verbringt sie gern auf der Insel und liebt es, auf einer kleinen Bank vor ihrem Store die Sonne zu genießen.

Iris von Arnim / Strönwai 14, Kampen
Tgl. 10.30-18 Uhr / Preise: ★★★★★
www.irisvonarnim.com

KASCHMIR-*KÖNIGIN*

Der Sylter Spitzenkoch Johannes King verkauft in Keitum Delikatessen

Im stylischen Bistro gibt es eine Auswahl an Köstlichkeiten

45

FÜR GOURMETS

Genuss-Shop Keitum / Gurtstig 2, Keitum
Mo-Sa 11-20 Uhr / Preise: ★★★★
www.johannesking.de

GENUSS-SHOP

Wer nach Keitum kommt, sollte am Ortseingang einen kulinarischen Stopp einlegen. Der Delikatessenladen von Johannes King bietet auf kleinstem Raum eine fantastische Auswahl an selbst hergestellten Ölen, Marmeladen, Teigwaren und Gewürzmischungen. Neben den Spezialitäten gibt es ein Sortiment an Messern, Trüffelhobeln und Karaffen für anspruchsvolle Hobbyköche. Und wer beim Stöbern Hunger bekommt, kann mit Glück einen der fünf Tische ergattern und sich durch die Karte „Kleine Köstlichkeiten zum Naschen" schlemmen.

BUNTE *PROMI-TIPP:*

„Ich mag die Boutique **Different Fashion**, die es jetzt auch in List gibt. Dort gibt es ausgefallene Kleidung, die man sonst nirgends findet – etwa Turnschuhe, die wie Cowboystiefel aussehen. Meine Lieblingstasche mit kleinen Totenköpfen als Noppen habe ich auch dort gekauft. "

MIRJA DU MONT
MODEL

JUVIA LOUNGEWEAR

Wer nach Sylt kommt, sehnt sich nach Ruhe und Entspannung. Im Pop-up-Store von Juvia in Kampen findet man die perfekte Mode für gemütliche Tage auf der Insel. Der Store befindet sich in einem typischen, kleinen Friesenhaus, das mit viel Holz und weiß-grauen Tönen eingerichtet ist. Verkauft wird Mode für Frauen und Männer, die einen bequemen und lässigen Look schätzen und Wert auf Qualität und Komfort legen. Passend zum Sylter Lifestyle – und „ready to wear" für drinnen und draußen. Einfach relaxen, genießen und wohlfühlen!

KUSCHEL-MODE

46

Juvia
Westerweg 14, Kampen
Mo-Sa 10-18.30 Uhr
Preise: ★★★
www.juvia.com

Der kleine Laden liegt direkt an der Promenade in Kampen

GALLERY MICHAEL MEYER KAMPEN

Luxusbrands unterm Reetdach – die GALLERY MICHAEL MEYER KAMPEN

FÜR FASHIONISTAS

47

Galiery Michael Meyer Kampen
Strönwai 7
Mo-Sa 10-19 Uhr,
So 11-17 Uhr
Preise: ★★★★★
www.michael-meyer.de

Celine, Dolce & Gabbana, Saint Laurent: Michael Meyer holt internationales Modeflair nach Sylt. Er steht für Luxus und Qualität, legt dabei aber immer großen Wert auf Tragbarkeit. Meyers fein kuratierte Auswahl an Designermarken zieht Fashionistas in den Multibrand-Store nach Kampen. Wer hier nicht fündig wird, geht einfach ein paar Schritte weiter – der Modeunternehmer führt auf der Nobelmeile Strönwai nämlich auch andere Designer-Boutiquen, darunter Bottega Veneta, Burberry und Brunello Cucinelli.

Herzlich willkommen an Sylts Siedepunkt!
Am Morsumer Bahnhof verkauft die Insulane-
rin Kirsten Deppe handgefertigte Seife. Die
gebürtige Keitumerin hat aus ihrem Hobby
einen Beruf gemacht – seit neun Jahren
verkauft sie ihre Produkte im eigenen Laden.
Sauber, sagen wir!

SYLTER SEIFEN
MANUFAKTUR

EIN STÜCK SYLT IN IHREN HÄNDEN
TELEFON: 0 46 51/460 99 77

UNSER STAR

SYLTER SEIFEN MANUFAKTUR

SYLTER SEIFEN MANUFAKTUR

Wer ein Stück Urlaub mitnehmen will ins heimische Badezimmer, sollte bei Kirsten Deppe vorbeischauen. Die gebürtige Sylterin verkauft in ihrem kleinen Laden im Morsumer Bahnhof zehn Seifen, die sie in Handarbeit und nach eigener Rezeptur herstellt. Jede Seife enthält Ingredienzien von der Insel: handgepflückte Rosenblüten, Algen, Schlick aus dem Wattenmeer, gemahlene Austernschalen, Meersalz und sogar Schokolade aus der Manufaktur in Tinnum.

Hübsche Mitbringsel findet man in der SYLTER SEIFEN MANUFAKTUR

DUFTE *SOUVENIRS*

Sylter Alge
Handgesiedete Pflanzenseife von der Insel Sylt

Sylter Seifen Manufaktur / Bi Miiren 11, Morsum / Mo-Fr 10-18 Uhr, Sa 10-16 Uhr, So 11-15 Uhr / Preise: ★★★☆☆ / www.sylterseifen.de

49 ALTE TONNENHALLE

ALTE TONNENHALLE: Hier gibt es frischen Fisch und Antiquitäten

Die ehemalige Bootshalle ist heute ein Shopping-Mekka

MARITIME *EINKAUFSMEILE*

Früher wurden hier Boote und Seezeichen, sogenannte Tonnen, gelagert. Heute lockt die Fabrikhalle im Lister Hafen Touristen: Wie auf einem Flohmarkt stöbern die Feriengäste nach Kunsthandwerk, antiken Möbeln und maritimem Gedöns. Wem der Sinn nicht nach Souvenirs und Skurrilem steht, schlemmt sich durch den Gosch-Fischmarkt. Falls die Sonne scheint, empfiehlt es sich, das Fischbrötchen mit nach draußen zu nehmen: Bei Seeluft und Hafenromantik schmeckt es da am besten.

Alte Tonnenhalle
Am Hafen 12-14, List / Wechselnde Öffnungszeiten Preise: ★★★☆☆
www.alte-tonnenhalle.com

Schmucke Adresse: die Boutique ROMA E TOSKA in Kampen

ROMA E TOSKA

Wie in einem Museum: edle Modekreationen, kuratiert in besonderem Ambiente

50

Als „Sammlerin von Ideen, Themen und Materialien" versteht sich Designerin Gräfin Birgit von Tyszkiewicz. Diese präsentiert sie ihren Kunden im denkmalgeschützten Kapitänshaus in Kampen. So einzigartig wie die Atmosphäre ist auch die Mode: Feinste Qualität, interessante Details und themenbezogene Stoffdrucke zeichnen die Kreationen aus. Die Modemacherin nimmt sich Zeit für individuelle Beratung und gibt ihren Kundinnen das Gefühl, zu Hause zu sein – gern serviert sie auch frischgebackenen Kuchen oder ein Gläschen Wein.

Roma E Toska
Alte Dorfstraße 2,
Kampen
Tgl. 11-18 Uhr
Preise: ★★★★
www.romaetoska.com

MODE MIT
PERSÖNLICHKEIT

CASHMERE & CHINOS
IN „HARTWEISS"

Für Designer und Künstler Wolfgang Joop ist Sylt seit jeher ein Kurort für Seele und Geist. Dabei liefern Erscheinungsbild und Gepflogenheiten der Insel- society, zu der Joop natürlich selbst gehört, gerne Futter für feinsinnige und (selbst-)ironi- sche Stilkritiken. Ein Gespräch über den Dresscode in den Dü- nen und der diskrete Charme des Understatements.

Herr Joop, als Kenner von Stil und Sylt und als Stammgast der Sansibar: Gibt es hier einen mo- dischen Erkennungscode?
Wie für alle wirklich reichen Orte gilt das modische Understate- ment, die Attitüde des Verzichts, die sich ja auch wirklich nur die Upperclass leistet. Wahrer Luxus ist die Freiheit, sich lautem Luxus und vordergründigen Statussym- bolen zu entziehen.

Nicht ohne Pullover: Wolf- gang Joop über den Sylt-Style

Wie wird das stilistisch umgesetzt?
Zunächst einmal kleiden sich die Leute hier sportlich, natürlich et- was maritim, eins mit der Landschaft, unaufgeregt. Die vorherrschenden Farben sind beige, blau, es regiert die Sommerdaune. Die Frauen tragen gerne schulterfreie Elvira- Netzer-Gedächtniskleider im Carmen-Look und achten auf den Er- halt ihres sonnengeküssten Naturblonds. Zur Unterstützung der Mädchenhaftigkeit

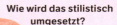

Das Poloshirt von Tom Ford kostet 240 Euro

ziehen sie sich, wenn sie frösteln, und das tun sie auf Sylt ja immer, die Ärmel ihrer Strickjacken über die Handgelenke.

Und die Männer?
Über der hartweißen oder roten Chino wird gern gelayert: Poloshirt in Lachs oder Streifenhemd und darüber Cashmere. Der Cashmerepulli, gern in Pastell, wird übrigens lieber über die Schultern geschlungen oder um die Leibesmitte geknotet als angezogen. Manche tragen sogar zwei Pullis mit sich rum. Hinter dieses Geheimnis bin ich noch nicht gekommen.

EINKAUFEN *auf der Trauminsel*

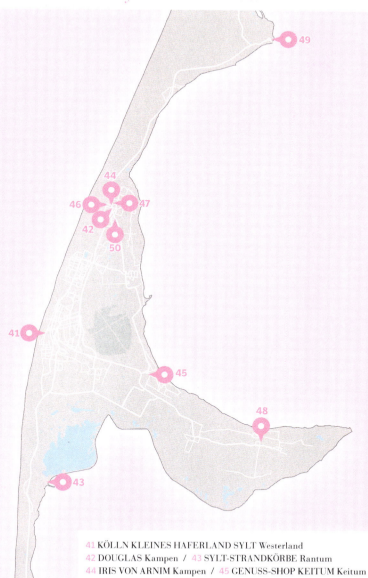

41 KÖLLN KLEINES HAFERLAND SYLT Westerland
42 DOUGLAS Kampen / 43 SYLT-STRANDKÖRBE Rantum
44 IRIS VON ARNIM Kampen / 45 GENUSS-SHOP KEITUM Keitum
46 JUVIA Kampen / 47 GALLERY MICHAEL MEYER Kampen
48 SYLTER SEIFEN MANUFAKTUR Morsum
49 ALTE TONNENHALLE List / 50 ROMA E TOSKA Kampen

Das LANDHAUS STRICKER ist die
Top-Adresse für Gourmets! In dem
gemütlich-eleganten Hotel kann
man nicht nur wunderbar wohnen,
sondern auch speisen. Holger
Bodendorf, Gastgeber und „Koch
des Jahres 2018", serviert seinen
Gästen kreative Haute Cuisine

RICHTIG
gut essen

Zehn Restaurants, die glücklich machen

VOR 500 JAHREN ERNÄHRTEN SICH DIE INSULANER VON EINFACHER GRÜTZE ODER GETROCKNETEM FISCH. Heute ist Sylt ein Paradies für Foodies und Feinschmecker: Ob Insel-Spezialitäten wie Austern und Matjes oder internationale Cuisine – das Angebot ist vielfältig und mit über 200 Restaurants sehr groß. Wir haben zehn kulinarische Highlights für Sie herausgefischt und wünschen guten Appetit!

SPICES BY TIM RAUE

GO EAST

51

SPICES BY TIM RAUE: asiatische Spitzenküche in entspannter Atmosphäre

Sternekoch Tim Raue hat sein neuestes Restaurant im A-Rosa Resort Sylt eröffnet

Ob Wasabi-Garnelen, japanische Pizza mit Tuna oder Fisch-Bun mit crispy Kabeljau: Der Berliner Spitzenkoch Tim Raue bringt ein Stück Asien nach Sylt. 2018 hat er das Restaurant im Luxusresort A-Rosa übernommen und ein neues Konzept entwickelt. In ungezwungener, entspannter Atmosphäre serviert er kreative Kompositionen. Er verbindet lokale Fischspezialitäten mit japanischen, thailändischen und chinesischen Einflüssen. Der würzige Name ist Programm: Die Gerichte überzeugen durch intensive und spannende Aromen.

Spices by Tim Raue
Listlandstraße 11, List
Mi-So 18-23 Uhr
Preise: ★★★★☆
www.spices-sylt.de

Lässiger Style, Traumblick und gutes Essen – das schätzen die Stammgäste

WAS FÜR EINE AUSSICHT!

L.A. SYLT

Eigentlich wäre der Name Long Island treffender, denn die Beachbar am Watt könnte so auch in den Hamptons stehen. Mit dem Namen wollen die Betreiber sicher auf den lässig-kalifornischen Lifestyle anspielen, doch L.A. ist im Grunde nur die Abkürzung für den vollen Restaurantnamen Lister Austernperle. Auch dieser Name führt jedoch so manch einen Urlauber in die Irre: Statt vermutetem Chichi gibt es hier gute regionale Küche (natürlich auch Austern) – und das zu richtig fairen Preisen.

L.A. Sylt – Lister Austernperle
Oststrand-Promenade 333b, List
Tgl. 11-21 Uhr
Preise: ★★☆☆☆

PURO SYLT

Die nordische Küche überzeugt ja nicht jeden. Wer die Ferien kulinarisch lieber in Spanien verbringen würde, sollte das Tapas-Restaurant in Westerland ansteuern. Mitten in den Dünen gelegen, trifft hier Nordsee-Feeling auf südländische Lebensfreude: Bei Lounge-Musik servieren gut gelaunte Bedienungen spanische Spezialitäten. Tipp: Probieren Sie den aus Fuerteventura importierten Ziegenkäse – Queso de Cabra! Am schönsten ist ein Platz auf der Terrasse mit Meerblick, bei Schietwetter macht man es sich im beheizten Wintergarten gemütlich.

Puro Sylt
Lornsenweg 13. Westerland
Preise: ★★★
Tgl. 12-20 Uhr
www.puro-sylt.de

TAPAS –
OLÉ!

Mitten in den Dünen: Im PURO SYLT gibt es mediterrane Häppchen und Weine

53

BEACH-
HOUSE-SYLT

54

Das BEACHHOUSE-SYLT ist ein Lokal für viele Anlässe. Einer: Wein trinken, Sonnenuntergang genießen

Der Blick in die Karte ist so vielversprechend wie der Panoramablick. Direkt am Meer gelegen. kann man hier den Sonnenuntergang und richtig gutes Essen genießen: Das Angebot reicht von Gamba-Bowls über Husumer Rinderfilets bis hin zu vegetarischen Spargeltörtchen und einer „Piratenkarte" für Kinder. Bunt ist auch das Publikum: Strandspaziergänger, die spontan einkehren, Pärchen, die romantisch dinieren wollen, oder Freunde, die einen Geburtstag feiern – die Mitarbeiter vermitteln jedem Gast: Du bist genau richtig hier!

BeachHouse-Sylt
Käpt'n-Christiansen-Straße 41 a.
Westerland
Tgl. 11.30-22 Uhr
Preise: ★★★
www.beachhouse-sylt.de

GENUSS FÜR
ALLE SINNE

RESTAURANT COAST

Kreative Küche von Land und Meer, so das kulinarische Konzept. Was das konkret heißt? Sylter-Royal-Auster mit Tabasco-Schalotten-Pumpernickel, Tartar vom Kalb mit Ziegenquark, Artischockenchips und Birnenessig-Vinaigrette oder Safranrisotto mit Bachkressesalat. Die Zutaten stammen aus der Region, werden aber durch mediterrane Komponenten verfeinert. Gäste zücken die Handykameras übrigens nicht nur, um die hübsch arrangierten Teller zu fotografieren, sondern auch wegen der stylischen Tapete mit Fischmotiven.

Restaurant Coast
Stiindeelke 2, Rantum
Mi-Mo 9-12 Uhr, ab 17 Uhr
Preise: ★★★☆☆
www.restaurant-coast.de

Die Fischtapete ist ein beliebtes Fotomotiv bei den Gästen

55 FÜR *FEINSCHMECKER*

KLEINE KÜCHENKATE

Im Restaurant rückt man an den Tischen schnell zusammen

Klein, hübsch, einladend: Hier kommt man gern zum Essen her

56 FÜR *FLEISCH-FANS*

Die Top-Adresse für alle, die Lust auf ein ordentliches Stück Fleisch und Gesellligkeit haben: Zwar steht auch Fisch auf der Karte, aber berühmt ist das kleine Restaurant für Fleischgerichte wie Schweineschnitzel Holsteinischer Art, Rumpsteaks oder Labskaus vom Galloway-Rind. Die Hausmannskost aus regionalen Produkten wird an langen Tischen serviert. Viel Platz ist in der gemütlichen Stube zwar nicht, aber so findet man ganz schnell neue (Fleisch-)Freunde.

Kleine Küchenkate / Hoyerstieg 2, Keitum / Fr-Di 12-22 Uhr
Preise: ★★★☆☆ / www.kleineküchenkate.de

SÖL'RING HOF

Phänomenal regional, so kann man die Küche des Zwei-Sterne-Restaurants beschreiben. Spitzenkoch Johannes King ist kein Freund von exotischen Gerichten, und angeblich wandert er mit interessierten Hausgästen schon mal zum Beerenpflücken oder Kräutersammeln durch die Sylter Natur. Aus feinsten heimischen Zutaten zaubert er köstliche Vier-Gänge-Menüs. Auch wer nur zum Dinner vorbeikommt, erlebt einen kulinarischen Spaziergang durch hiesige Wälder, Wiesen, Dünen und die Nordsee.

Dorint Söl'ring Hof Rantum
Am Sandwall 1, Rantum
Tgl. ab 19 Uhr
Preise: ★★★★★
www.soelring-hof.de

Für seine kreativen Kreationen verwendet Johannes King regionale Zutaten

Geschmackvoll ist nicht nur das Essen, sondern auch das elegante Interieur im Restaurant

HIER KOCHT
DER KING

57

Traumlage: Das Hotel und Restaurant SÖL'RING HOF liegt direkt an der Rantumer Düne

Zwei Sterne hatte sich Alexandro Pape im Fährhaus Munkmarsch in 16 Jahren als Küchenchef erkocht, doch dann besann er sich auf zwei Grundnahrungsmittel: Brot und Bier – übrigens hergestellt aus entsalzenem Meerwasser. In seinem Keitumer Bistro BROT & BIER gibt's nicht nur frisches, einfaches Essen, sondern auch Lesungen, Konzerte und Poetry-Slam

BROT & BIER

ALTES ZOLLHAUS

Die Backstein-
fassade strahlt
Gemütlich-
keit aus

Das Restaurant unweit der Westerländer Ein-
kaufsmeile ist gediegen und gleichzeitig gemütlich, also der perfekte Ort für ein romanti-
sches Abendessen bei Kerzenschein. Die
Karte ist überschaubar, doch alles ist von
feinster Qualität: Es gibt frische Fisch- und
Fleischgerichte, raffinierte Suppen und sünd-
haft leckere Desserts. Falls das Dinner-Date
richtig gut verläuft, empfehlen wir für den An-
schluss die Lounge – über 100 Weine stehen
hier zur Auswahl.

Altes Zollhaus
Boysenstraße 18,
Westerland
Tgl. 17.30-22 Uhr
Preise: ★★★☆☆
www.altes-zollhaus-
sylt.de

58

FÜR
ROMANTIKER

BROT & BIER

Es muss ja nicht immer ein ausgefallenes Menü sein! Das dachte
sich auch Sternekoch Alexandro Pape und tauschte die Gourmetkü-
che im Fährhaus Munkmarsch gegen ein eigenes Stullen-Lokal in
Keitum. Im modern eingerichteten Gasthaus serviert er knusprige
Brote mit raffinierten Belägen. Dazu gibt's eigens gebrautes Bier der
Sylter Genussmacherei – und gesellige Stimmung. Pape veranstaltet
hier regelmäßig Events wie Konzerte, Lesungen oder Poetry-Slams.

Brot & Bier
Gurtstig 1, Keitum
Di-Sa 13-21 Uhr
Preise: ★★★★☆
www.brot-und-bier.de

Im BROT & BIER
kommen
Gourmet-Stullen
und Selbstge-
brautes auf
den Tisch

59

EDEL-
KNEIPE

Das SAMOA SEEPFERDCHEN ist die Top-Adresse für eine Stärkung nach der Strandwanderung

Zwar kann man auch mit dem Auto vor der Tür parken, aber viel schöner ist eine Wanderung zum Strandlokal. Von Rantum aus läuft man etwa eine halbe Stunde am Meer entlang Richtung Hörnum, bis man die Bretterbude in den Dünen entdeckt. Das Samoa ist die unprätentiöse Schwester der Sansibar. Ist es bei schlechtem Wetter drinnen wieder mal zu voll, empfiehlt es sich, im Strandkorb mit Blick aufs Meer zu essen – am besten die Spezialitäten des Hauses: Nordsee-Seezunge oder Lammfilet.

SAMOA SEEPFERDCHEN

Hier kann man Seafood direkt am Strand genießen. Die Karte ist ganztägig gültig

Samoa Seepferdchen
Hörnumer Straße 70,
Rantum
Tgl. 12-22 Uhr
Preise: ★★★☆☆
www.samoa-seepferdchen.de

60

GEMÜTLICHE
BRETTERBUDE

BUNTE *PROMI-TIPP:*

„Unser Sylt-Ritual sind die langen Spaziergänge auf der Insel. Unsere Lieblingsrunde: von Hörnum aus am Strand entlang zur **Sansibar**. Nach acht Kilometern haben wir uns das Essen verdient. Am liebsten bestellen wir mehrere Kleinigkeiten und teilen. Oder auch einfach mal eine Currywurst."

FRANCA LEHFELDT &
CHRISTIAN LINDNER
TV-JOURNALISTIN &
FDP-VORSITZENDER

VOM FISCHVERKÄUFER
ZUM MILLIONÄR

Der gelernte Maurer Jürgen Gosch ist einer der erfolgreichsten Gastronomen Deutschlands – und sein Fischbuden-Imperium zählt zu den wichtigsten Adressen auf Sylt. Wie hat er das bloß geschafft?

Vielleicht wäre alles anders gekommen, wenn Jürgen Gosch nicht schon als Vierjähriger Krabben pulen musste. Ohne Vater und in armen Verhältnissen aufgewachsen, bestimmte das Thema Geld den Alltag der Familie. Er sei mit Arbeit groß geworden, schreibt Jürgen Gosch in seiner Biografie. Als er älter wurde, entlud er Fischerkutter oder sammelte auf einer Müllkippe Schrott und verkaufte die Sachen weiter. Nach der Schule folgte eine Ausbildung zum Maurer, und als er 1966 für einen Auftrag nach Sylt geschickt wurde, entdeckte er eine Marktlücke: Viele Touristen fragten nach Aalen, doch die Krabbenfischer hatten keine im Angebot. Kurzerhand machte sich der geschäftstüchtige junge Mann als Strandverkäufer selbständig und eröffnete 1972 am Hafen in List „die nördlichste Fischbude Deutschlands". Heute führt er ein Imperium: Über 50 Gosch-Filialen gibt es in der ganzen Re-

Krabbenkönig Jürgen Gosch: Statt Einstecktuch trägt er lieber einen Plüschhummer

publik, zwölf davon allein auf Sylt, und die „Mein Schiff"-Flotten werden auch von ihm beliefert. Über Geschäftszahlen schweigt Gosch, doch das Fachmagazin foodservice schätzte den Umsatz 2017 auf 81 Millionen Euro. Arbeiten muss der Krabbenkönig ganz sicher nicht mehr, aber auch mit seinen 77 Jahren ist er immer noch gern im Restaurant am Lister Hafen. In einer weißen Kochjacke mit roten Knöpfen und dem Plüschhummer in der Brusttasche begrüßt er die Gäste, gibt den Angestellten Anweisungen und ist sich nie zu schade, auch mal Servietten vom Boden aufzuheben oder, na klar, beim Krabbenpulen mitzuhelfen.

Insel-Institution: kein Sylt-Urlaub ohne ein Fischbrötchen bei Gosch

RICHTIG GUT *essen*

51 SPICES BY TIM RAUE List / 52 L.A. SYLT – LISTER AUSTERNPERLE List
53 PURO SYLT Westerland / 54 BEACHHOUSE-SYLT Westerland
55 RESTAURANT COAST Rantum / 56 KLEINE KÜCHENKATE Keitum
57 DORINT SÖL'RING HOF RANTUM Rantum / 58 ALTES ZOLLHAUS
Westerland / 59 BROT & BIER Keitum / 60 SAMOA SEEPFERDCHEN Rantum

Natürlich kann man nicht alles
haben – was für ein übertriebenes
Versprechen. Aber in der GALERIE
WERKHALLEN in Kampen findet
man zumindest wertvolle Werke
namhafter Maler und Bildhauer, die
jede Sammlung zeitgenössischer
Kunst bereichern würden

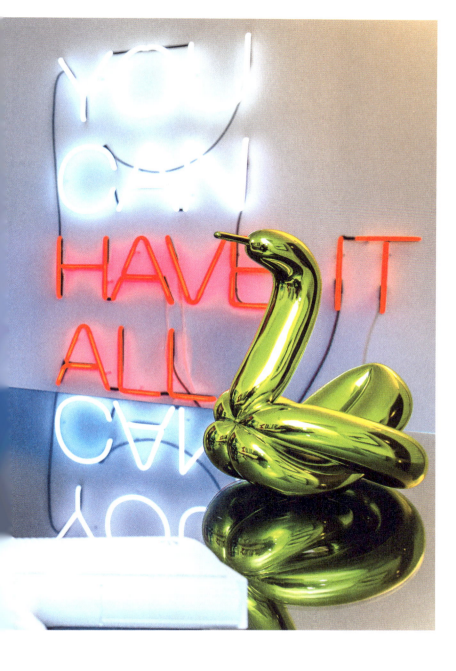

KUNST
& Kultur

Friesische Tradition erleben
und verstehen

**SYLTER MUSEEN UND FRIEDHÖFE ERZÄH-
LEN VON DER GOLDENEN SEEFAHRER-
VERGANGENHEIT.** Aber auch die Moderne ist
auf der Insel sehr präsent, so gibt es in Kampen
eine Vielzahl an zeitgenössischen Galerien. Die
hiesige Art-Szene verblüfft Feriengäste oft eben-
so wie das Baden bei Minusgraden oder der Reiter, der bei einem Turnier kleine Ringe aufspießt.
Wir stellen Ihnen skurrile und schöne Bräuche sowie Traditionen vor – und den Soundmaster der
Insel: Star-Trompeter Till Brönner ...

GALERIE FALKENSTERN

Armin Sprotte ist der Sohn des bekannten Sylt-Malers Siegward Sprotte

Dass die Kunstdichte in Kampen so hoch ist, wundert nicht – viele reiche Sammler haben hier ihren Zweitwohnsitz. Neben zeitgenössischen Gemälden und Skulpturen werden hier Werke von Siegward Sprotte ausgestellt. Der 2004 verstorbene Maler hatte ein Atelier auf der Insel und seine Bilder haben starken Sylt-Bezug. Getreu seinem Motto „Die Kunst ist kein Lückenbüßer, sie ist eine Lebensnotwendigkeit" lässt die Galerie Werke des international gefragten Künstlers weiterleben.

DIE KUNST *LEBT*

Falkenstern Fine Art & Atelier Sprotte
Alte Dorfstraße 1, Kampen
11-18 Uhr
Preise: ★★★★★
www.falkensternfineart.com

61

In der Galerie gibt es Atelierkonzerte

62 GRET PALUCCA

Auf dem Kutter GRET PALUCCA findet das Piratenspektakel für die Kleinen statt

Spannung und jede Menge Seemannsgarn bietet das Ausflugsschiff der Reederei Adler-Schiffe. Neben Touren zu den Seehundbänken ist der Kutter vor allem für die Piratenfahrten bekannt: Kinder von vier bis acht Jahren können in Begleitung eines Erwachsenen Abenteuerreisen mit Seeräubergeschichten, Schatzsuchen und Mutproben unternehmen. Ab dem Lister Hafen gehen die Mini-Piraten – stilecht mit Kopftuch und Plastiksäbel – an Board und haben auf der Nordsee zwei Stunden lang das Sagen über ihre Eltern.

Gret Palucca
Hafenstraße, Lister Hafen, List / Preise: ★★★★★
www.adler-schiffe.de

WILDE *MEUTE*

FRIEDHOF DER HEIMATLOSEN

Schiffsunglücke und ertrunkene Seeleute gehören unweigerlich zur Inselgeschichte. Mitten in Westerland erinnern heute 53 einfache Holzkreuze an Tote, die als Namenlose an den Strand von Sylt gespült wurden. Die letzte Leiche wurde hier 1905 beerdigt, danach musste der Friedhof wegen Überfüllung geschlossen werden. Königin Elisabeth von Rumänien war von diesem Ort so bewegt, dass sie ihm ein Gedicht widmete. Die letzte Strophe steht als Inschrift auf einem von ihr gestifteten Gedenkstein.

ORT DER *RUHE*

53 Holzkreuze stehen für die Namenlosen, die an den Strand gespült wurden

Heimatsstätte für Heimatlose

63

Friedhof der Heimatlosen
Elisabethstraße/Käpt'n-Christiansen-Straße, Westerland
Preise: ★ ☆ ☆ ☆ ☆

SYLT MUSEUM

64

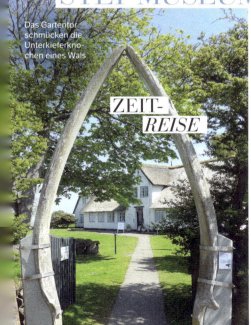

Das Gartentor schmücken die Unterkieferknochen eines Wals

ZEIT-REISE

Manch einem Touristen mag das Tor aus Unterkieferknochen eines Finnwals sonderbar vorkommen, dabei hatte die maritime Dekoration lange Zeit Tradition in Keitum. Im 17. und 18. Jahrhundert brachten es die hiesigen Dorfbewohner mit Walfang zu Reichtum und schmückten ihre Eingangstüren mit Trophäen aus dem Meer. Im Inneren des Museums erinnern prachtvolle Trachten, Truhen und Tabakdosen an die goldene Seefahrerzeit. Imposant ist auch das Walfischskelett im Garten.

Sylt Museum
Am Kliff 19, Keitum
Mo-Fr 10-17 Uhr, Sa, So 11-17 Uhr
Preise: ★★ ☆ ☆ ☆
www.soelring-museen.de

GALERIE WERKHALLEN

Wussten Sie, dass die Musiker Bryan Adams und Till Brönner auch Profis hinter der Kamera sind? Porträtfotografien der berühmten Künstler können Sie in Kampen erwerben. Seit 2018 betreiben Christiane Obermann und Axel Burkhard auf zwei Etagen ihre Galerie – mit Fokus auf zeitgenössischen Fotos und Skulpturen international bekannter Künstler. Auch Nachwuchstalente haben hier einen Raum.

Galerie Werkhallen
Braderuper Weg 2,
Kampen
Mo-Sa 11-18 Uhr,
So 12-17 Uhr
Preise: ★★★★★
www.werkhallen.net

65

Die Galerie bietet Fotos, Skulpturen und Bilder zeitgenössischer Künstler

PROMINENTE
PORTRÄTS

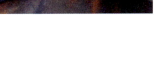

Raritäten ergänzen das Portfolio – wie hier ein Münch-Motorrad aus den 70er-Jahren

BUNTE *PROMI-TIPP:*

„Mein Lieblingsfest ist das **Biikebrennen**. Am 21. Februar laufen wir mit Fackeln und Trompeten los, um den Winter zu vertreiben. In den Dörfern gibt es Holzstöße, die auf das Stichwort ‚Tjen di Biiki ön' entzündet werden. Danach trifft man Freunde zum Grünkohlessen."

MIRIAM MERTENS
SCHAUSPIELERIN

HÖRNUMER LEUCHTTURM

Auf der Insel gibt es vier funktionsfähige Leuchttürme, besichtigen kann man jedoch nur den in Hörnum. Zwischen 1914 und 1933 beherbergte er mit drei bis fünf Schülern die kleinste Schule Deutschlands. Auch heute dürfen nicht mehr als zehn Leute das rot-weiße Wahrzeichen besichtigen. Von der fast 50 Meter hohen Aussichtsplattform haben die Besucher einen spektakulären Blick auf die Insel, und wer eine besondere Hochzeits-Location sucht, kann sich hier sogar das Jawort geben.

Brautpaare können sich im LEUCHTTURM trauen lassen

HOCH *HINAUS*

Leuchtturm Hörnum / An der Düne, Hörnum / Besichtigungen Mo, Mi, Do 9-12 Uhr jeweils zur vollen Stunde
Preise: ★★☆☆☆ / Reservierung unter +49 (0) 4651 96260

66

67 RINGREITTURNIER

Die Reiter müssen Geschick beweisen beim Aufspießen der Ringe

So manch ein Tourist wundert sich über den skurrilen Brauch: Auf Sylt ist es seit dem 19. Jahrhundert Tradition, hoch zu Ross mit Lanzen einen winzigen Messingring aufzuspießen. Pro Versuch werden die Ringe kleiner – bis sie mit 12 Millimetern Durchmesser nicht mal so groß wie ein Ehering sind – und sie baumeln an einem Seil, dem Galgen. Weil das alles noch nicht schwer genug ist, trinken die Reiter nach jedem Versuch Korn mit einem Schuss Cola.

Ringreitturnier
In Keitum, Morsum und Archsum
Jun-Aug
Preise: ★☆☆☆☆
www.sylt.de

GESCHICK & *GALOPP*

UNSER STAR

ALTFRIESISCHES

HAUS

Es gibt nur noch wenige Zeugnisse darüber, wie die Insulaner lebten, als man die Insel noch nicht mit Auto, Bahn oder Flugzeug erreichen konnte. Das rote Haus in Keitum wurde 1739 erbaut und ist im Originalzustand erhalten. Fliesen schmücken die Wände, die Fensterrahmen sind blau gestrichen, und der Fußboden besteht aus breiten Holzplanken

WESTERLÄNDER WEIHNACHTSBADEN

68

Dieser Brauch ist nichts für Warmduscher! Seit über 30 Jahren stürzen sich Mutige jedes Jahr am 26. Dezember am Strand von Westerland in die bitterkalten Fluten. Sie tragen lustige Nikolauskostüme, sind als Superheld verkleidet – oder gehen direkt nackt in die Nordsee. Warum das Menschen machen? Es gibt eine Urkunde und Beifall von über 3000 Zuschauern, die das Spektakel von der Promenade aus beobachten. Nach ein paar Gläsern Glühwein ist die Gänsehaut sowieso schnell wieder weg …

Die Nikolausverkleidung hilft leider nicht gegen das eiskalte Wasser

BRRR …
… RRRR

Strandpromenade Westerland / Jährlich am 26. Dezember, 14.30 Uhr / Preise: ★★★★★

LANGES LITERATURWOCHENENDE

Elke Heidenreich im Gespräch mit Benedikt Wells

BÜCHER-
WURM

Regisseurin und Schriftstellerin: Doris Dörrie

Philosoph und Autor: Richard David Precht

Seit es auf der Insel ein Literaturfestival gibt, hat Sylt eine neue Stammkundschaft im November gefunden: Literaturfreunde und Leseratten. Auf Initiative der Privathotels Sylt lesen Schriftsteller und prominente Autoren aus ihren Büchern oder stehen für Diskussionen und Schreib-Workshops zur Verfügung – am Abend übrigens meist mit einer Überraschung aus der Gourmet-Küche.

Privathotels Sylt
Jährlich im November
Preise: ★★★★★
www.privatotels-sylt.de

69

ALTFRIESISCHES HAUS

Das rote Haus am grünen Kliff wurde 1739 erbaut und ist das einzige komplett im ursprünglichen Stil der Insel erhaltene Gebäude. Wer wissen will, wie Sylter im 18. Jahrhundert lebten, kann sich im Museum auf Zeitreise begeben: Besucher finden Originalmöbel und Gebrauchsgegenstände wie Beerenpflücker. Highlight ist ein historischer Webstuhl, an dem Erwachsene und Kinder das Schiffchen durch die bunten Fäden führen dürfen. Im August findet ein Museums- und Weberei-Fest statt.

Altfriesisches Haus
Am Kliff 13, Keitum / Mo-Fr 10-17 Uhr, Sa, So 11-17 Uhr
Preise: ★★ ☆ ☆ ☆
www.soelring-museen.de

Das Spinnen von Wolle beherrschen heute nur noch wenige Menschen

70

FRIESEN-
ROMANTIK

Blau-weißes Porzellan hat Tradition auf Sylt

Das ALTFRIESISCHE HAUS in Keitum wurde 1739 erbaut

DER SYLT-*SOUND*

*Wer wissen will, wie die Insel klingt, kann dem Wellenrauschen und Watt-
wurm-Schmatzen lauschen – oder das Open-Air-Festival „Kampen Jazz" besuchen.*

Zugegeben, mit den Partyhits auf der bekannten Whiskymeile kann nicht jeder
was anfangen. Doch seit einiger Zeit
lockt die Insel auch Liebhaber anspruchs-
voller Rhythmen: Seit 2016 findet jährlich das musikalische Highlight „Kampen
Jazz" statt. Gastgeber Till Brönner holt
gemeinsam mit verschiedenen Sponso-
ren, u. a. dem Haferspezialisten Kölln,
ein hochkarätiges internationales Line-
up auf die Insel. Lange Zeit konnte
Deutschlands bekanntester Trompeter

nicht verstehen, was seine Bekannten an
Sylt so fasziniert: „Als Jazzmusiker macht
man ja meist das Gegenteil von dem,
was die anderen tun." Doch als Brönner
vor zehn Jahren das erste Mal ein Kon-
zert hier gab, erkannte er den besonderen Charme der Nordseenatur: „So wie
diese besondere Musikrichtung von Im-
provisation lebt und sich im Zusammen-
spiel in die ein oder andere Richtung
entwickelt und damit nicht vorhersehbar
ist – so überrascht auch die Insel mit Ge-
gensätzen." Er erzählt, dass
die Festivalpremiere bei
Böen und Orkanstärke bei-
nahe ausgefallen sei. Doch
kaum waren die ersten
Töne auf der Bühne ge-
spielt, habe sich die Sonne
gezeigt. „Jazz und das Wetter auf Sylt sind immer für
eine Überraschung gut."

Till Brönner ist das
Highlight beim
Festival „Kampen
Jazz", das jedes
Jahr Mitte Juli statt-
findet. Der Star-
Trompeter holt die
Großen der Szene
nach Sylt. Unter an-
derem unterstützt
von BUNTE und
Kölln

KUNST & *Kultur-Highlights*

62

65

61

68

70

63

64

67

69

66

61 FALKENSTERN FINE ART & ATELIER SPROTTE Kampen
62 GRET PALUCCA List / 63 FRIEDHOF DER HEIMATLOSEN
Westerland / 64 SYLT MUSEUM Keitum / 65 GALERIE
WERKHALLEN Kampen / 66 LEUCHTTURM HÖRNUM Hörnum
67 RINGREITTURNIER u. a. Archsum / 68 WESTERLÄNDER
WEIHNACHTSBADEN Westerland / 69 LANGES LITERATURWO-
CHENENDE u. a. Hörnum / 70 ALTFRIESISCHES HAUS Keitum

Der SYLTER STRAND gehört sicher
zu den schönsten auf der ganzen
Welt: Puderweicher Sand, endlose
Weite – und bei Ebbe tauchen fan-
tastische Sandbänke auf, die Stun-
den später wieder verschwinden.
Und das Allerschönste: An vielen
Strandabschnitten ist man fast allein

LIFE'S
a beach!

Zehn Tipps für das ultimative Nordsee-Feeling

WARUM SYLT SELBST IN DER HOCHSAISON NIE ÜBERFÜLLT WIRKT? Rund 40 Kilometer weißer Strand bieten herrlich viel Platz zum Toben und Sonnenbaden. Ob Action beim Kitesurfen, Spaß beim Sandburgenbauen oder das Freiheitsgefühl beim Nacktschwimmen: Auf Sylt findet jeder seinen ganz persönlichen Lieblings-Beach. Selbst internationale Profisportler surfen lieber hier als auf Hawaii ...

OMMM
MMM...

Bei starkem Wellengang halten sich nur noch Geübte sicher auf dem Brett

71

SUP-YOGA

Anfänger beginnen mit Trockenübungen

**Wassersportcenter Sylt –
Südkap Surfing**
Strandpromenade 1, Hörnum
Preise: ★★★★★
www.suedkap-surfing.de

Yowa – die Abkürzung für: yoga on water – ist der neue Trendsport im Sommer: Ein Sonnengruß auf dem wackeligen Surfbrett erfordert volle Konzentration, doch die Übungen sind supereffektiv für die innere Balance. Stand-Up-Paddling-Yogis haben das Gefühl, zu schweben – und mit dem Wellenrauschen in den Ohren und dem Salzwasserduft in der Nase kann man ganz leicht abschalten. Für einen tollen Body sorgt das Training sowieso, denn die Übungen auf dem Wasser sind doppelt intensiv und beanspruchen jeden Muskel.

72

REITEN UND MEER

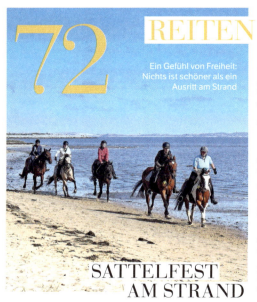

Ein Gefühl von Freiheit: Nichts ist schöner als ein Ausritt am Strand

Im Galopp durch die Brandung, Ausritte entlang kilometerlanger Sandstrände oder hoch zu Ross durchs Weltnaturerbe Wattenmeer – der Traum vieler Pferdefans. Auf der Insel gibt es sieben professionell geführte Reitställe, die Touren für Anfänger und Fortgeschrittene anbieten. Besonders schön ist eine Route des Familienbetriebes Lorenz Hoffmann: Jeden Vormittag finden zweistündige Gruppenausritte entlang des Keitumer Strands bis nach Kampen und zurück statt.

Reitstall Lorenz Hoffmann
Gurtstig 46, Keitum / Telefonische
Anmeldung: +49 (0)4651 31563
Preise: ★★★★★
www.reitstall-hoffmann.de

SATTELFEST
AM STRAND

WINDSURF WORLD CUP

Die Wellen an der Nordsee-küste sehen vielleicht nicht so spektakulär aus wie auf Hawaii, aber der Wind hat es in sich, und deswegen zählt das Surf-Revier vor Sylt zu den schwierigsten überhaupt. Jedes Jahr Ende September treffen sich die weltbesten Windsurfer und kämpfen mit spektakulären Sprüngen und riskanten Wendemanövern um den Titel. Mit über 120 000 Euro Preisgeld ist der Windsurf World Cup Sylt der international höchstdotierte Wettkampf.

Auf Sylt kämpfen die besten Windsurfer der Welt um den Titel

WELT-KLASSE!

73

Windsurf World Cup / Brandenburger Strand. Westerland
Ende September / Preise: ★☆☆☆☆ / www.worldcupsylt.de

74

FKK-STRAND

Ganz natürlich die Natur genießen: Freikörperkultur hat auf Sylt Tradition! Schon 1920 eröffnete der erste FKK-Strand auf der Insel, und in den 60er-Jahren wurde die Buhne 16 „Nackedonien der Promis" genannt. Auch heute noch lassen Feriengäste die Hüllen fallen: Laut Statistik sonnt sich ein Drittel der jährlich 650 000 Sylt-Urlauber am liebsten ohne Textilien, fast jeder dritte Abschnitt der rund 40 Kilometer langen Strände ist FKK-Bereich.

BLANK-ZIEHEN

NACKEDEI BEACH
„Willst du keine Nackten sehen, darfst du hier nicht weiter gehen!"
Absolute FKK Nacktzone in den Strandabschnitten
F - G - H
KAMPEN

Wer makellos braun werden möchte, darf sich an einigen Strandabschnitten nackt in den Strandkorb setzen

Buhne 16 / Listlandstraße, Kampen / Preise: ★☆☆☆☆

Die Polospieler liefern sich rasante Zweikämpfe

TV-Star Motsi Mabuse posiert mit Pferd und Polospieler beim JULIUS BÄR BEACH POLO WORLD CUP

SCHLAG-
ABTAUSCH

75

BEACH POLO

Julius Bär Beach Polo World Cup
Hafenstraße, Hörnum, Oststrand
Preise: ★ ★ ★ ★ ★

Sylt lockt an Pfingsten nicht nur mit wilden Partys, sondern auch mit einem ganz besonderen Strandspiel: Beim Julius Bär Beach Polo World Cup kämpfen internationale Profis in Hörnum um den Titel. Hoch zu Ross pesen acht Teams mit bis zu 32 PS durch den Sand und bieten dem Publikum ein spektakuläres Schauspiel. Kostenlos mitfiebern können Zuschauer am öffentlichen Strandbereich. Wer es exklusiver mag und den ein oder anderen Promi treffen will, kann Tickets für die VIP-Area erstehen.

BUNTE *PROMI-TIPP:*

„Mein Lieblingsstrand ist der am **El-lenbogen**. Dort hat man immer seine Ruhe, egal zu welcher Jahreszeit. Ich liebe es, sehr lange Spaziergänge mit meinem Mann zu machen. Im Sommer, wenn ich etwas mehr Trubel erleben möchte, besuche ich die **Buhne 16**. Den Milchreis kann ich dort besonders empfehlen."

JULIA DOMMERMUTH
MODE-UNTERNEHMERIN (JUVIA)

HUNDESTRAND

Am Meer kommen Freiheits-
gefühle auf – das gilt auf Sylt
auch für Vierbeiner: Es gibt
viele ausgewiesene Hun-
destrände, an denen keine
Leinenpflicht besteht. Hier
können Urlauber mit ihren
Tieren übers Watt laufen, im
Sand toben, Stöckchen werfen oder am Wasser spielen.
Die meisten Hundestrände
liegen in Rantum, darunter
auch in FKK-Bereichen. Und
falls Tierhalter doch mal einen
Strand ohne ihre Begleitung
ansteuern wollen, können sie
den Hund als Pensionsgast
im Tierheim Tinnum betreuen
lassen.

Preise: ★ ★ ★ ★ ★

Hunde lieben
den Strand,
manche be-
sonders den
Platz im
Strandkorb

76

LEINEN
LOS!

FUN BEACH

Unter den Strand-
gästen findet sich
schnell ein
Beachvolley-
ball-Team

77

Fun Beach
Brandenburger Strand, Abschnitt
4.23.8, Westerland / Jul-Aug
Preise: ★ ★ ★ ★ ★

FÜR
SPORTSFREUNDE

Den ganzen Tag in der Sonne faulenzen ist manchen Menschen auf Dauer zu langweilig.
Fitnessfans können sich von Anfang Juli bis Ende August am Brandenburger Strand in Wester-
land austoben. Ob beim Beachvolleyball-Turnier, Boccia oder Lacrosse: Hier lernt man leicht
Gleichgesinnte kennen, Spaß und Action sind garantiert, und Abkühlung gibt's in der Nordsee.
Praktisch: Fußbälle oder Frisbees müssen Sportbegeisterte nicht mit zum Strand schleppen,
denn das Equipment kann am Fun Beach gegen Pfand ausgeliehen werden.

HÖRNUM STRAND

Todesmutig stürzen sich die Windsurfer vor Sylt in die Fluten, um die mächtigsten Wellen zu surfen. Wer sein Brett und seinen Körper beherrscht und die Dynamik der Wellen lesen kann, der fliegt regelrecht über die Gischt. Für Zuschauer am Strand ist das die beste Show, die man sich vorstellen kann – und alles, ohne einen Cent Eintritt zu zahlen

Kinder, ist das schön hier! Wem die Karibik zu weit weg ist, der kann mit der ganzen Sippe einfach nach Hörnum fahren. Zugegeben, richtig heiß wird es auf Sylt selten, aber der Sand im Inselsüden ist herrlich weiß und das Wasser meist ruhig. Schwimmanfänger haben es hier viel leichter als in der rauen Nordsee rund um Westerland. Mit den vielen bunten Segeln der Kitesurfer gibt es in Hörnum immer was zum Staunen, und Jugendliche freuen sich über einen Kurs in der Surfschule.

Sandburgen bauen – das alte Spiel bleibt immer das schönste

HÖRNUM STRAND

Hörnum Oststrand
Strandpromenade, Hörnum
Preise: ★ ★ ★ ★ ★

Der STRAND in HÖRNUM ist ein wahres Familienparadies

78

BUDDELN, PLANTSCHEN, SEGELN

Bauchlage – und dann aufstehen auf dem Brett: Jeder Surfanfänger beginnt auf dem Trockenen

KITESURFEN

Sekundenlang mit dem Board über dem Wasser schweben, Sprünge bis zu 20 Metern Höhe und 120 Metern Weite: Der Wind auf Sylt ist perfekt zum Kiten und lockt Spitzensportler an, die beim Kitesurf Cup im Sommer ihr Talent beweisen. Aber auch Anfänger können über der Nordsee abheben: An der Südspitze in Hörnum sind die Bedingungen ideal, da es hier unabhängig von den Gezeiten einen großen Stehbereich und flaches Wasser gibt. Südkap Surfing bietet Schnupperkurse und Privatstunden an.

Wassersportcenter Sylt –
Südkap Surfing
Strandpromenade 1, Hörnum
Preise: ★★★★★
www.suedkap-surfing.de

Bei starkem Wind trauen sich nur noch Könner in die Fluten

79

Die bunten Segel der KITESURFER leuchten im Himmel

EINFACH
MAL ABHEBEN

BEACH BOX

An der BEACH BOX in Westerland gibt es die besten Burger der Insel

SNACKEN
UND SCHNACKEN

Der stylische Kiosk in Westerland ist bei Strandfans beliebt

Warum Proviant und Kühlboxen mit an den Strand schleppen? Wir empfehlen die Beach Box in Westerland: An den Dünen gelegen, gibt's hier die besten Burger der Insel. Meist ist die Schlange an der Theke lang, aber Wartezeiten vertreiben die Inhaber Carina und Lars mit flotten Sprüchen. Am stylischen Kiosk gibt es Stehtische, doch noch besser schmeckt das Deluxe-Fast-Food im Strandkorb am Beach.

80

Beach Box / Käpt'n-Christiansen-Straße 40, Westerland
Di-So 11.30-19.30 Uhr
Preise: ★★★★★

WO HÖRT
DER HIMMEL AUF?

Rosalie van Breemen, Ex-Model und Moderatorin, lebt seit vielen Jahren in Kampen – und entdeckt die Schönheit der Insel dennoch immer wieder neu.

Was ist Sylt? Eine Insel, fast verlorenen inmitten der Wellen der Nordsee. Magisches Licht und pure Poesie. Morgens, ganz früh, wenn die Touristen noch schlafen, gehe ich in Kampen am Watt mit meinem Hund spazieren, um den Sonnenaufgang zu sehen.

Der endlos weiße Weststrand im Sommer. Wo hört der Himmel auf, wo beginnt das Meer? Das Parfüm der blühenden Heide, von wilden Rosen und Geißblatt, vermischt mit dem Duft der Algen und brausenden Wellen. Im Frühling so betörend wie ein Rausch.

In der Hauptsaison Lust auf einen schicken Cocktail in der Sansibar? Sehen und gesehen werden. Oder einfach am Ellenbogen nackt baden gehen und außer einem Seehund niemandem begegnen. Danach in Flip-Flops ganz leger einen Sundowner im Bistro S-Point bei mir um die Ecke in Westerland genießen. Das alles ist Sylt.

Wer einmal die salzige Luft auf den Lippen geschmeckt hat, verliebt sich für immer in diese Insel. In die allgegenwärtige Stille, nur unterbrochen vom Schreien der Mö-

Sylt-Fan Rosalie van Breemen stammt eigentlich aus den Niederlanden

wen und dem Wind, der über die Dünen pfeift. Auf Sylt kann ich zu jeder Jahreszeit alleine sein, einsam bin ich nie. Es genügt, bei Sonnenuntergang in den Horizont zu schauen, und ich weiß, was ich zum Leben wirklich brauche. Endlich angekommen.

Ich lebe hier seit Jahren und ich habe in meinem Leben viel gesehen. Dennoch staune ich jeden Tag. Das ist Glück.

STRAND *& Sport*

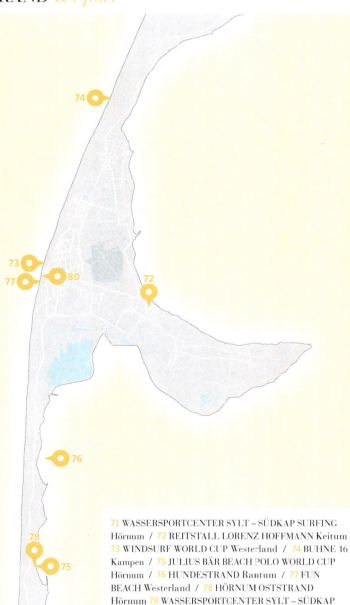

71 WASSERSPORTCENTER SYLT – SÜDKAP SURFING
Hörnum / 72 REITSTALL LORENZ HOFFMANN Keitum
73 WINDSURF WORLD CUP Westerland / 74 BUHNE 16
Kampen / 75 JULIUS BÄR BEACH POLO WORLD CUP
Hörnum / 76 HUNDESTRAND Rantum / 77 FUN
BEACH Westerland / 78 HÖRNUM OSTSTRAND
Hörnum 79 WASSERSPORTCENTER SYLT – SÜDKAP
SURFING Hörnum / 80 BEACH BOX Westerland

Feinschmecker schwören auf die SYLTER ROYAL, die Dittmeyer's Austern-Compagnie im Wattenmeer züchtet. Ob mit Zitrone oder pur, als Tatar, gedünstet oder gratiniert mit Kräuterbutter – in der Austernstube in List fühlen sich die Liebhaber dieser Meeresspezialität wie im Paradies

SCHIET-
wetter ...

... und was jetzt?

JA, JA, ES GIBT KEIN SCHLECHTES WETTER, ES GIBT NUR FALSCHE KLEIDUNG. Doch ganz ehrlich: Wenn es mal wieder wie aus Kübeln schüttet oder ein Sturmtief wütet, muss ein Alternativprogramm zum Strandspaziergang her. Hier kommen unsere zehn Schlechtwetter-Tipps mit Gute-Laune-Garantie: Vom entspannten Spa-Tag bis zum aufregenden Zirkusabenteuer ist alles dabei

81

INSELCIRCUS

Es ist Sommer, und trotzdem regnet es ohne Unterlass? Damit die Kinder keinen Zirkus machen, schickt man sie am besten genau dorthin. Von Juli bis Ende August wird der Nachwuchs in Wenningstedt zu kleinen Clowns und Zauberern ausgebildet: In Workshops üben Artisten aus aller Welt mit den Kids ein buntes Programm aus altersgerechten Kunststücken, Tanz und Gesang ein. Ganz Mutige können sogar im umgebauten Zirkuswagen übernachten. Zum Abschluss gibt es eine Gala, die Eltern staunen lässt.

Balancieren und über der Manege im Trapez schweben: Hier fühlen sich Kinder wie Artisten

GROSSER SPASS
FÜR DIE KLEINEN

InselCircus / Kampener Weg, Wenningstedt-Braderup, auf der Wiese hinter dem Dorfteich / Jul-Aug / Preise: ★★★★☆ / www.inselcircus.de

SYLT4FUN-HALLE

82

Sylt4Fun-Halle / Norddörfer Halle, Norderweg 3, Wenningstedt-Braderup / Di, Do, Sa, So 14-18 Uhr / Preise: ★★★★★

An der Kletterwand zeigt sich, wer Kraft und Geschick hat

UND
ACTION!

Wem auf Sylt die Berge fehlen, der wird im Wenningstedter Indoor-Freizeitpark glücklich: An einer riesigen Boulderwand können die Besucher kraxeln und sich so richtig austoben. Auch auf dem Boden gibt es Sport- und Spaßangebote: Hockey, Seilspringen, Schlittschuhlaufen im Winter – für jeden Geschmack ist was dabei. Das Highlight in der Halle: der sogenannte Pumptrack. Mit Inline-Skates oder Skateboard wird auf dem 70 Meter langen kurvigen Parcours das Geschick auf die Probe gestellt.

SYLTER WELLE

Wenn das Meer noch zu kalt zum Schwimmen ist, lockt das Freizeitbad in Westerland. Sportbegeisterte ziehen in den Innen- und Außenbecken mit Blick aufs Meer ihre Bahnen, Eltern und Kinder freuen sich über ein großes Angebot an Spielmöglichkeiten: Es gibt drei rasante Wasserrutschen, ein buntes Bällebad und das Abenteuerbecken mit Wikingerschiff. Wem der Sinn eher nach Ruhe steht, kann sich in die duftende Aroma-Sauna oder in das osmanische Dampfbad zurückziehen.

Bei solchen Sprüngen sollten keine Schwimmer im Becken sein

BADESPASS FÜR
DIE FAMILIE

83

Sylter Welle / Strandstraße 32, Westerland / Tgl. 10-22 Uhr; Frühschwimmen: Di, Do, Sa 8-10 Uhr
Preise: ★★★★★ / www.insel-sylt.de/sylter-welle

ERLEBNISCENTER NATURGEWALTEN

84

Die Geheimnisse von Natur und Nordsee lernen Kinder in List kennen

SYLT
ERFORSCHEN

Wie schnell wandern Wanderdünen, und warum gibt es Ebbe und Flut? Wer trotz Regen mit Kindern die Insel erkunden will, kann auf einer Ausstellungsfläche von 1500 Quadratmetern alles zu den Themen Klima, Natur und Nordsee lernen: Im Sturmraum stellen sich die großen und kleinen Besucher gegen verschiedene Windstärken, in einem Tunnel bestaunen sie das Watt von unten, und im Wellenkanal darf das Meer mal ordentlich aufgemischt werden. Anschaulich und eindrucksvoll bleiben hier keine Sylt-Fragen offen.

Erlebniscenter Naturgewalten
Hafenstraße 37, List / Tgl. 10-18 Uhr; Jul-Aug: Mo-Sa 10-19 Uhr, So 10-18 Uhr
Preise: ★★★★★
www.naturgewalten-sylt.de

PHARISÄER

Was hilft gegen schlechte Laune, wenn es stürmt? Ein Kaffee mit Schuss und Sahne! Pharisäer heißt das friesische Nationalgetränk, und die Legende dazu geht so: Weil ein Halligpastor seiner Gemeinde Alkohol verboten hatte, mischte man heimlich Rum in den Kaffee und zeigte sich bester Stimmung. Als der Geistliche an einer falschen Tasse nippte, rief er den Verrätern wütend zu: „Ihr Pharisäer!" Wer keinen Kaffee mag, kann auch die Kakao-Variante Tote Tante bestellen – das Rezept wurde auf einer Beerdigung kreiert.

Voigts Sylt – alte Backstube
Süderhörn 2, List / Do-Di 12-21 Uhr
Preise: ★★☆☆☆ / www.voigts-sylt.de

Sieht harmlos aus, enthält aber einen Schuss Alkohol

85

Schon klar, in dem friesischen Kapitänsdorf Keitum vermutet man auf den ersten Blick wenig fernöstliche Tradition. Doch die kleine Spa-Oase hat sich auf ayurvedische Anwendungen für mehr Wohlbefinden spezialisiert. Neben klassischen Behandlungsformen können Besucher mit Prist-abhyanga (einer krampflösenden Rückenmassage) oder Muk-Abhyanga (einer seit Jahrtausenden in China praktizierten Druckmassage zur Stärkung der Organfunktionen) tiefe Entspannung finden. Ommm …

**Syltness Center –
Day Spa Keitum**
Gurtstig 23, Keitum
Termine nach
Absprache
Preise: ★★★☆☆
www.syltnesscenter.de

DAY SPA KEITUM

Spezielle Massage-techniken lösen hart-näckige Ver-spannungen

86

DAS VOLLE
VERWÖHNPROGRAMM

Haie sind die Attraktion im AQUARIUM in Westerland

SYLT-AQUARIUM

Auch wenn man der Nordsee auf Sylt so nah ist, sieht man meist wenig von den Meeresbewohnern. Ganz dicht kann man Seeskorpionen, Dorschen und Kraken in den 18 kreativ gestalteten Schaubecken des Sylter Aquariums kommen. Hafenanlagen mit Stegen und Küstenbereiche mit Schlammufern bilden eine authentische Kulisse für die norddeutsche Unterwasserwelt. Zum Abschluss gehen die Besucher einen zehn Meter langen Panoramatunnel entlang – mit etwas Glück können sie hier sogar Katzen- und Glatthaie entdecken.

Sylt-Aquarium
Gaadt 33, Westerland
Tgl. 10-17 Uhr
Preise: ★★★☆☆
www.syltaquarium.de

EINFACH MAL
ABTAUCHEN

Der Rundgang führt durch eine Unterwasserwelt

87

BUNTE *PROMI-TIPP:*

„Auch bei rauem Wetter liebe ich die Insel. Der für mich schönste Spa auf der Insel befindet sich im **Hotel Severins** in Keitum. Das Personal ist einfach wundervoll, und der Poolbereich mit dem Kamin ist wunderschön. Zum Kaffee am Nachmittag empfehle ich die **Kupferkanne** in Kampen."

GUIDO MARIA KRETSCHMER
DESIGNER & MODERATOR

Das Hotel A-ROSA in List liegt nur einen Steinwurf vom Meer entfernt und hat zudem den größten Spa-Bereich auf der Insel. Verschiedene Saunen, Dampfbad, Pools mit Meereswasser und exzellente Behandlungen – die Auswahl, sich verwöhnen zu lassen, ist endlos

UNSER STAR

A-ROSA SYLT

Eine Holzhütte zwischen den Dünen – das ist Sylter Saunakultur

Nach dem Schwitzen rennt man über die Düne und springt ins kalte Meer

STRANDSAUNEN

Als Romy Schneider 1968 nach Sylt kam, war sie entsetzt: „Furchtbar, in jeder Welle hängt ein nackter Arsch", klagte die Schauspielerin über den FKK-Kult. Nackedeis am Nordseestrand gehören bis heute zum Inselbild – vor allem an Schlecht-Wetter-Tagen. Bei Regen kann man nämlich herrlich in einer der vier Strandsaunen schwitzen und dabei in die Natur blicken. Zur Abkühlung geht's in die Nordsee statt ins Tauchbecken. Wenn der Wind ordentlich pustet, ist das anschließende Sandpeeling inklusive.

Strandsaunen, z.B. Samoa / Hörnumer Straße 70, Rantum / 12-18 Uhr, Jul-Aug 12-19 Uhr / www.strandsauna-samoa.de Preise: ★★☆☆☆

88

SCHWITZEN
MIT MEERBLICK

SYLT-KRIMIS

Ob im Strandkorb oder in der gemütlichen Ferienwohnung: Bei Schietwetter ist Lektüre der beste Zeitvertreib. Und was wäre da passender als ein Krimi, der auf der Insel spielt? Hier unsere drei Lesetipps mit Nervenkitzel-Garantie: 1. Werner Sonne, „Wer den Sturm sät" – ein lokaler Kriminalfall wird zur internationalen Politkrise. 2. Gia Pauly, „Kurschatten" – eine italienische Hobbydetektivin geht auf Mörderjagd. 3. Eva Ehley „Engel sterben" – innerhalb weniger Tage verschwinden drei Kinder von der Insel.

89

Badebuchhandlung Friedrichstraße 7, Westerland / Mo-Fr 9-19 Uhr, Sa 9-18 Uhr, So 11-17 Uhr / Preise: ★★★☆☆ www.badebuchhandlung.de

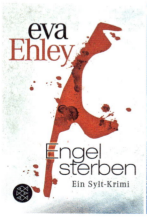

MORDS-
SPANNUNG

A-ROSA SYLT

Day Spa im A-Rosa Sylt
Listlandstraße 11, List / Tgl. 7-21 Uhr
Preise: ★★★★ / www.a-rosa-resorts.de

Schon der Blick auf den strahlend weißen Bau in den Dünen hat eine meditative Wirkung. Entspannung der Extraklasse gibt's dann im Inneren. 3500 Quadratmeter groß ist der Day Spa des Ferien-Resorts: Bodentiefe Fenster bieten einen freien Blick auf die Nordsee, und in den Pools plätschert Meerwasser. Neben sechs Saunen, einem Hammam und dem Thalasso-Zentrum gibt es eine Vielzahl an privaten Spa-Suiten für Beauty-Anwendungen. Tobt draußen der Sturm, findet man hier ganz sicher innere Ruhe.

Der Ausblick auf die Heidelandschaft ist zu zweit am schönsten

ALLE SINNE *ENTSPANNEN*

Der große Pool im A-ROSA bietet auch sportlichen Schwimmern reichlich Platz

90

ABWARTEN
UND TEE TRINKEN

Gelöffelt, nicht gerührt! Der Friese zelebriert das Teetrinken in aller Ruhe nach ganz eigenen Regeln. Womöglich ist er deshalb so erstaunlich gelassen ...

Um einen Friesen aus der Ruhe zu bringen, muss schon einiges passieren. Viel geschnackt wird nicht, die Norddeutschen verstehen sich angeblich ohne Worte. Hilfreich für die nonverbale Kommunikation sind feste Gewohnheiten wie die Teekultur. Kein Witz, Friesen sind sogar Weltmeister im Teetrinken: Der durchschnittliche Verzehr (von Schwarz- und Grüntee) liegt bei 300 Litern pro Person und Jahr – im Rest Deutschlands sind es gerade mal 28 Liter. Selbst im „Tee-

land" England sind es „nur" 201 Liter im Jahr ... Kein Wunder, dass die sogenannte „Teetied" (Teezeit) der Friesen ins Verzeichnis des immateriellen Kulturerbes der Unesco aufgenommen wurde. Wer sich auf Sylt nicht gleich als Tourist entlarven will, sollte sich streng an die Gesetze der Zeremonie halten: Traditionell wird zunächst „Kluntje" (Kandis) in die Tasse gegeben. Darauf gießt man frisch aufgebrühten Tee, bis der Zucker knistert und zerbricht. Mit einem Löffel gibt man einen Schuss Sahne an den Tassenrand. Sie sinkt zunächst und steigt dann als „Wulkje" wieder auf. Die Sahnewolke darf auf keinen Fall verrührt werden, sonst geht die Geschmacksvielfalt aus milder Sahne, herbem friesischem Tee und süßem Zucker verloren. Hat der Gast seine Tasse leer getrunken, darf er sich übrigens nicht wundern, wenn getreu dem Motto „dreimal ist Friesen-Recht" ungefragt nachgeschenkt wird. Wer genug hat, kann das – natürlich ohne Worte – mit dem Teelöffel signalisieren: Liegt er in der leeren Tasse, heißt es: Danke, ich bin fertig.

Auf Sylt trinkt man Tee mit etwas Milch – oder besser: Sahne

SYLT *bei Schietwetter*

81 INSELCIRCUS Wenningstedt-Braderup / **82** SYLT4FUN-HALLE Wenningstedt-Braderup / **83** SYLTER WELLE Westerland / **84** ERLEBNISCENTER NATURGEWALTEN List / **85** VOIGTS SYLT – ALTE BACKSTUBE List / **86** SYLTNESS CENTER – DAY SPA KEITUM Keitum **87** SYLT-AQUARIUM Westerland / **88** STRANDSAUNA SAMOA Rantum **89** BADEBUCHHANDLUNG Westerland / **90** A-ROSA DAY SPA List

Playboy GUNTER SACHS holte Sylt aus
dem Dornröschenschlaf, in den es für
lange Zeit gefallen war. Der Unterneh-
menserbe kam Ende der 60er-Jahre,
brachte seine Frau Brigitte Bardot und
seine reichen, schönen Freunde mit
und feierte die wildesten Partys, die
Sylt je gesehen hatte

ATEMLOS
durch die Nacht

Bars und Clubs mit Geschichte

SEIT DEN WILDEN 60ER-JAHREN, als Prominente und Playboys durch die Kneipen und Clubs zogen, gilt Sylt als DER Party-Hotspot. Und auch heute noch machen Stars und Urlauber Nacht für Nacht die Insel unsicher. Ob Champagner-Sause im Schickimicki-Club oder prickelnder Kulturgenuss: Hier kommen unsere zehn ultimativen Ausgeh-Highlights

91

Jedes Mal ein neues
Naturschauspiel: der
Sonnenuntergang am
ROTEN KLIFF

ROMANTIK PUR

Steilküste Rotes Kliff
Zwischen Kampen
und Wenningstedt,
bei schönem Wetter
Preise: ★★★★★

STEILKÜSTE ROTES KLIFF

Die Nacht auf Sylt beginnt mit einem imposanten Naturschauspiel: Wenn die Sonne wie ein Feuerball im Meer versinkt, zieht es vor allem Verliebte und Romantiker an die Steilküste zwischen Kampen und Wenningstedt. Beeindruckt vom Farbspiel und beschwingt von einer Flasche Wein, die viele mitbringen, genießen sie das Spektakel. Wo es hingeht, wenn dann die Sterne am Nachthimmel leuchten, entscheidet jeder selbst.

92

LÄSSIG BAR

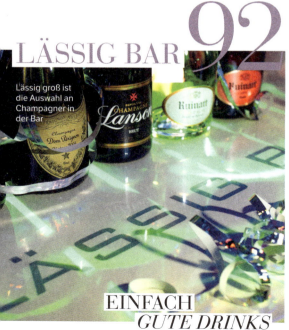

Lässig groß ist
die Auswahl an
Champagner in
der Bar

Nach eigenen Angaben wurden Stars wie Nadja Auermann und George Clooney hier noch nicht gesichtet, aber die charmante Bar im Strandhörn-Hotel will auch gar keine abgehobene VIP-Location sein. In entspannt-eleganter Atmosphäre – wie es zum Ort Wenningstedt passt – kommen Gäste hier miteinander ins Gespräch, es gibt eine große Auswahl an Weinen und Cocktails, und wenn die Stimmung ausgelassen ist, wird zu später Stunde auch gern mal getanzt.

Lässig Bar im Strandhörn Hotel
Dünenstraße 20, Wenningstedt-Braderup / Do-Di ab 18 Uhr
Preise: ★★★★★
www.strandhoern.de

EINFACH GUTE DRINKS

LASST DIE
KORKEN KNALLEN!

Rot ist die Farbe, die dem ROTEN KLIFF das sündige Flair verleiht

93

CLUB ROTES KLIFF

Der Eintritt in die Edel-Disko kostet zwar nichts, dafür haben es die Preise für die Drinks in sich: Einen Moscow Mule gibt's für 18 Euro, drei Liter Dom Pérignon kosten 2900 Euro. Vor allem zu den legendären Pfingstpartys gehen etliche Champagnerflaschen über den Tresen, denn das superschicke Nachtleben lockt Millionäre und Promis an. Chef Peter Kliem hat es nach einem großen Umbau und innovative Partys geschafft, die ehemalige Dorfdisko in einen Szenetreff zu verwandeln, der auf der Liste der „World's Finest Clubs" geführt wird.

Club Rotes Kliff
Braderuper Weg 3,
Kampen / In der
Sommersaison tgl.
ab 23 Uhr
Preise: ★★★★★
www.club-rotes-kliff.de

Tagsüber läuft man barfuß, aber zum Ausgehen sollte man die High Heels nicht vergessen

„We make Kampen great again": Der an Donald Trump angelehnte Spruch zeugt von Selbstbewusstsein und Humor

PIUS' WEINWIRTSCHAFT

94

EDLE *TROPFEN*

Im Pius' in Keitum trifft man immer nettes Publikum

Wenn es Nacht wird in Keitum, trifft man sich in der Bar des Schweizers Pius Regli (er betreibt auch das Manne Pahl in Kampen). Es gibt viele fantastische Weine, über 300 besondere Sorten lagern im Keller. Weil es vermutlich nicht bei einem Glas Roten bleibt, empfiehlt es sich, dazu ein paar Feinkosthappen zu bestellen. Die Adresse ist beliebt für einen spontanen Feierabenddrink, aber auch große Geburtstage oder Firmenfeiern werden hier zelebriert.

Pius' Weinwirtschaft / Am Kliff 5, Keitum / Tgl. 17-0 Uhr
Preise: ★★★★★ / www.pius-weine.de

Rund 300 ausgesuchte Weine lagern im Keller

ALT BERLIN

Kneipenchef Steven ist Schotte, was unschwer zu erkennen ist

SPORTS-*BAR*

95

Warum die urige Kneipe für so viele Männer ein Volltreffer ist? An wirklich jeder Wand hängt eine Leinwand für Sportübertragungen, es gibt richtig gutes Bier, erlesene Whiskeys, Berliner Weiße, und Raucher dürfen hier ebenfalls ihrem Laster frönen. Laut Betreiber Steven – einem sympatischen Schotten, der auch mal im Kilt Bier ausschenkt – ist die Wirtschaft unweit des Westerländer Strandes die letzte Kneipe vor England.

Alt Berlin
Friedrichstraße 37, Westerland
Tgl. 10-1 Uhr
Preise: ★★★★★
www.altberlin-sylt.de

96

HIT-
VERDÄCHTIG

Hier sitzt keiner gelangweilt herum, wenn die alten Hits gespielt werden

CLASSIC CLUB

Der Name dieser Kult-Disko ist Programm: DJ Jörg und Kollegen legen jedes Wochenende Klassiker aus den 70-ern, 80-ern, 90-ern und die Musiccharts von heute auf. Jeder Song ein Hit, alle singen mit! So bunt wie die Playlist und die eigenwillige Einrichtung ist auch das Publikum: Im Westerländer Club treffen sich Abiturienten und Rentner, die mal richtig einen draufmachen wollen. Bis in die Morgenstunden wird hier gegrölt, getanzt und geflirtet.

Classic Club / Strandstraße 3-5, Westerland
Fr, Sa ab 22 Uhr / Preise: ★★★☆☆
www.classic-club-sylt.de

BUNTE *PROMI-TIPP:*

„Nach dem Dinner trifft man sich in Kampen; im **Dorfkrug** oder **Rauchfang** an der überdachten Außenbar. Oder ich gehe an die Bar im **Gogärtchen**. Gegen 1 Uhr geht's weiter in den **Pony Club**, hier ist für Stammgäste ein VIP-Bereich reserviert. Wer dann noch nicht genug hat, zieht weiter ins **Rote Kliff**."

H.P. BAXXTER
SCOOTER-FRONTMANN

UNSER STAR
DORFKRUG
BAR & GRILL

Es hatte lange gedauert, bis sich für den legendären DORFKRUG in Kampen ein neuer Pächter fand. Doch inzwischen gehört das Restaurant mit der kleinen, gemütlichen Außenbar wieder zu den beliebtesten Adressen auf der Insel. Und wer nach dem Dinner noch feiern will, muss nur um die Ecke gehen – die Treppen runter ins Rote Kliff

FRIESISCH *URBAN*

Geschmackvoll gedeckte Tische und eine feine Küche bietet der neue DORFKRUG

Dorfkrug Bar & Grill
Braderuper Weg 3, Kampen
Tgl. 12-2 Uhr
Preise: ★★★★☆
www.dorfkrug-kampen.com

97 DORFKRUG BAR & GRILL

Schon vor 130 Jahren war der Dorfkrug in Kampen ein beliebter Treffpunkt für Einheimische, Reisende und Künstler. 2014 musste das Lokal schließen, und es schien lange Zeit, dass sich kein neuer Pächter finden würde. Doch dann kam Thomas Samson und verwandelte das Wirtshaus in ein Gasthaus. Die Delfter Fliesenschilder im Gastraum sind geblieben, ansonsten erinnert das moderne Ambiente an New Yorker Szene-Adressen: Ob zum Dinner oder auf einen Drink an der Bar – im Dorfkrug startet man perfekt in die Partynacht.

SYLTER *SCHLAGERBAR*

...HERE COMES TROUBLE!

Wer hier feiern will, sollte in echter Partystimmung sein

WUNDERBAR

98

Diese Kneipe ist sowas wie der Ballermann des Nordens: Partyhits und Schlager laden Nachteulen zum Mitgrölen ein, der Alkoholpegel ist hoch, die Luft verqualmt und es ist so eng, dass man sich auf der Tanzfläche schnell näherkommt. Bis in die Morgenstunden wird hier geschunkelt und geschmust. Wenn es auf dem Boden komisch knirscht, darf man sich übrigens nicht wundern: Zum Snacken stehen Erdnüsse bereit, und die Schalen werfen Gäste und Barkeeper wie Konfetti um sich.

Wunderbar
Paulstraße 6, Westerland
Mo-Sa ab 21 Uhr
Preise: ★★★★☆
www.sylt-wunderbar.de

CASINO SYLT

99

Mit etwas Glück kommt in der Spielbank zusätzlich Cash in die Ferienkasse. Seit genau 70 Jahren können Urlauber hier Roulette, Black Jack und Poker spielen. Die Adresse genießt aber nicht nur wegen der angenehmen Spielkultur einen guten Ruf, auch die Barkultur ist hervorragend: Freundliches Personal schenkt erstklassige Cocktails und feine Weine aus. Wer lieber ganz privat zu Hause zockt – oder hier mal richtig viel Geld gewonnen hat – kann die Spieltische samt professionellen Croupiers auch privat mieten.

Casino Sylt
Andreas-Nielsen-Straße 1, Westerland
Tgl. 19.30-2.30 Uhr
Preise: ★★★☆☆
www.sylt.casino-sh.de

Das Spielglück könnte entscheiden, ob man den Urlaub sorglos verlängern kann

VOLLER *EINSATZ*

Die Spielbank in Westerland kann man auch privat mieten

MEERKABARETT

100

BÜHNE *FREI!*

Das beliebte MEERKABARETT gehört zum Sommer auf Sylt

Lustige Abende und Mineralwasser: Was nach einem Widerspruch klingt, ist das Kultur-Highlight auf Sylt. Jedes Jahr im Sommer findet auf dem Gelände der Sylt Quelle das Meerkabarett statt. In der Produktionshalle treten Kabarett- und Comedygrößen wie Eckart von Hirschhausen oder Bernhard Hoëcker auf. Neben prickelnder Unterhaltung gibt es köstliche Sylter Citrus-Ingwer-Limonade aus eigener Produktion – alkoholische Getränke stehen natürlich auch auf der Karte.

Meerkabarett / In der Event-Halle der Sylt Quelle, Hafenstraße 1, Rantum
Preise: ★★★☆☆ / www.meerkabarett.de

DIE DISCO-ÄRA
LEBT WEITER

58 Jahre hat der Pony Club schon auf dem Buckel, aber noch immer ist der No-bel-Club in Kampen DIE Adresse für wilde Feten …

Alkohol fließt hier in Strömen – meist aus Magnum-flaschen

Als „Perle in der Auster" bezeichnete Gunter Sachs den Pony Club. Auf seinem Stammplatz (Tisch eins an der Fensterbank) schlug sich der millionenschwere Playboy und Sylt-Fan in den 60er- und 70er-Jahren viele Sommernächte um die Ohren. An seiner Seite: Brigitte Bardot, die damals schönste Frau der Welt. Es war Sachs, der das Pony zum Party-Hotspot der Stars und Sternchen machte und den internationalen Jetset anlockte – sogar die persische Königin Soraya soll in dem Reetdachhaus auf der sogenannten Whiskymeile ein- und ausgegangen sein. Sylt galt damals als das Saint-Tropez des Nordens, als Sehnsuchtsort für Freiheit und Feten: Am Tag sonnte man sich – vorzugsweise nackt – in den Dünen und am legendären Strandabschnitt Buhne 16, nachts tanzte und flirtete man in Kampen. Viel geändert hat sich im Pony Club nicht, und genau das ist sein Erfolgsgeheimnis: 150 Quadratmeter Kult und Glamour! Die Menschen kommen nicht nur zum Feiern, sondern wollen auch Geschichte und Geschichten aufsaugen. An der Bar stehen,

Es ist eng, aber genau das gehört zum Erfolgsgeheimnis

wo schon die Flicks, der Netzer, der Juhnke und der Lindenberg standen; tanzen, wo in den 90er-Jahren Michael Ammer die Massen zum Toben brachte. Ob bekannte Schauspieler, Sportler oder Rich Kids aus der Großstadt: Posh ist das Publikum noch heute, vor allem an den Pfingstwochenenden. Wir sind uns sicher: Im legendären Pony Club gehen mit den Gästen auch noch in den nächsten Jahrzehnten die Pferde durch!

HIER *gehen wir aus!*

91 STEILKÜSTE ROTES KLIFF Kampen / 92 LÄSSIG BAR
Wenningstedt-Braderup / 93 CLUB ROTES KLIFF Kampen
94 PIUS' WEINWIRTSCHAFT Keitum / 95 ALT BERLIN Westerland
96 CLASSIC CLUB Westerland / 97 DORFKRUG BAR & GRILL Kampen
98 WUNDERBAR Westerland / 99 CASINO SYLT Westerland
100 MEERKABARETT Rantum

Am 21. Juni erreicht die Sonne auf
der nördlichen Halbkugel ihren
Höchststand. Die Sylter zelebrieren
die kürzeste Nacht des Jahres mit
mit dem SONNENWENDFEUER.
Man sitzt am Strand, schaut in die
Flammen, trinkt Bier aus der Flasche
und philosophiert über das Leben

100
HOT-SPOTS

SORTIERT NACH
ORTEN

WESTERLAND

FRÜHSTÜCK & BRUNCH

1 CAFÉ MATEIKA (S. 20)
Bismarckstraße 13, 25980 Sylt

10 CAFÉ WIEN (S. 27)
Strandstraße 13, 25980 Sylt

HOTELS

12 HOTEL UTHLAND (S. 34)
Elisabethstraße 12, 25980 Sylt

13 HOTEL STADT HAMBURG (S. 35)
Strandstraße 2, 25980 Sylt

14 HOTEL MIRAMAR (S. 35)
Friedrichstraße 43, 25980 Sylt

SHOPPEN & STÖBERN

41 KÖLLN KLEINES HAFERLAND SYLT (S. 76)
Strandstraße/Seepromenade,
an der Musikmuschel, 25980 Sylt

RESTAURANTS

53 PURO SYLT (S. 91)
Lornsenweg 13, 25980 Sylt

54 BEACHHOUSE-SYLT (S. 91)
Käpt'n-Christiansen-Straße 41 a, 25980 Sylt

58 ALTES ZOLLHAUS (S. 96)
Boysenstraße 18, 25980 Sylt

KULTUR

63 FRIEDHOF DER HEIMATLOSEN (S. 105)
Elisabethstraße/Käpt'n-Christiansen-Straße,
25980 Sylt

68 WESTERLÄNDER WEIHNACHTSBADEN (S. 110)
Strandpromenade Westerland, 25980 Sylt

STRAND & SPORT

73 WINDSURF WORLD CUP (S. 119)
Brandenburger Strand, 25980 Sylt

77 FUN BEACH (S. 121)
Brandenburger Strand, Abschnitt 4.23.8,
25980 Sylt

80 BEACH BOX (S. 125)
Käpt'n-Christiansen-Straße 40, 25980 Sylt

SCHLECHTWETTER-TIPPS

83 SYLTER WELLE (S. 133)
Strandstraße 32, 25980 Sylt

87 SYLT AQUARIUM (S. 135)
Gaadt 33, 25980 Sylt

89 BADEBUCHHANDLUNG (S. 138)
Friedrichstraße 7, 25980 Sylt

NIGHTLIFE

95 ALT BERLIN (S. 148)
Friedrichstraße 37, 25980 Sylt

96 CLASSIC CLUB (S. 149)
Strandstraße 3-5, 25980 Sylt

98 WUNDERBAR (S. 152)
Paulstraße 6, 25980 Sylt

99 CASINO SYLT (S. 153)
Andreas-Nielsen-Straße 1, 25980 Sylt

MORSUM

FRÜHSTÜCK & BRUNCH

2 BÄCKEREI INGWERSEN (S. 20)
Terpstich 76, 25980 Sylt

 HOTELS

20 HOTEL HOF GALERIE (S. 41)
Serkwai 1, 25980 Sylt

 SHOPPEN & STÖBERN

48 SYLTER SEIFEN MANUFAKTUR (S. 82)
Bi Miiren 11, 25980 Sylt

KULTUR

67 RINGREITTURNIER (S. 107)
In Keitum, Morsum und Archsum

KEITUM

 FRÜHSTÜCK & BRUNCH

3 NIELSENS KAFFEEGARTEN (S. 21)
Am Kliff 5, 25980 Sylt

6 KONTORHAUS KEITUM (S. 22)
Siidik 15, 25980 Sylt

 HOTELS

11 HOTEL AARNHOOG (S. 34)
Gaat 13, 25980 Sylt

16 SEVERIN'S RESORT & SPA (S. 36)
Am Tipkenhoog 18, 25980 Sylt

 AUSFLÜGE

35 SYLTER WEINBERG (S. 64)
Südlich der Kirche St. Severin, 25980 Sylt

 SHOPPEN & STÖBERN

45 GENUSS-SHOP KEITUM (S. 78)
Gurtstig 2, 25980 Sylt

RESTAURANTS

56 KLEINE KÜCHENKATE (S. 92)
Hoyerstieg 2, 25980 Sylt

59 BROT & BIER (S. 96)
Gurtstig 1, 25980 Sylt

KULTUR

64 SYLT MUSEUM (S. 105)
Am Kliff 19, 25980 Sylt

67 RINGREITTURNIER (S. 107)
In Keitum, Morsum und Archsum

70 ALTFRIESISCHES HAUS (S. 111)
Am Kliff 13, 25980 Sylt

STRAND & SPORT

**72 REITSTALL
LORENZ HOFFMANN** (S. 118)
Gurtstig 46, 25980 Sylt

Open air genießen – auf Sylt laden viele schöne und verschiedene Lokale zum Verweilen an der guten Nordseeluft ein

 ## PROMI-WATCHING

23 SANSIBAR (S. 49)
Hörnumer Straße 80, 25980 Sylt

AUSFLÜGE

32 VOGELSCHUTZGEBIET RANTUMBECKEN (S. 63)
Hafenstraße, 25980 Sylt

39 WATTWANDERWEG NACH MORSUM (S. 69)
Startpunkt: Rantumbecken, Hafenstraße, Rantum, 25980 Sylt

 ## SHOPPEN & STÖBERN

43 SYLT-STRANDKÖRBE (S. 77)
Hafenstraße 10, 25980 Sylt

 ## RESTAURANTS

55 RESTAURANT COAST (S. 92)
Stiindeelke 2, 25980 Sylt

57 DORINT SÖL'RING HOF RANTUM (S. 93)
Am Sandwall 1, 25980 Sylt

60 SAMOA SEEPFERDCHEN (S. 97)
Hörnumer Straße 70, 25980 Sylt

 ## STRAND & SPORT

76 HUNDESTRAND (S. 121)

 ## SCHLECHTWETTER-TIPPS

86 SYLTNESS CENTER – DAY SPA KEITUM (S. 134)
Gurtstig 23, 25980 Sylt

NIGHTLIFE

94 PIUS' WEINWIRTSCHAFT (S. 148)
Am Kliff 5, 25890 Sylt

RANTUM

 ## FRÜHSTÜCK & BRUNCH

4 BACKSTUUV RANTUM (S. 21)
Strandweg 5, 25980 Sylt

9 KAFFEERÖSTEREI SYLT (S. 26)
Hafenstraße 9, 25980 Sylt

SCHLECHTWETTER-TIPPS

88 STRANDSAUNA SAMOA (S. 138)
Hörnumer Straße 70, 25980 Sylt

 NIGHTLIFE

100 MEERKABARETT (S. 153)
In der Event-Halle der Sylt Quelle,
Hafenstraße 1, 25980 Sylt

KAMPEN

 FRÜHSTÜCK & BRUNCH

5 DORFLADEN KAMPEN (S. 22)
Hauptstraße 4, 25999 Sylt

8 VOGELKOJE (S. 26)
Lister Straße 100, 25999 Sylt

 HOTELS

15 HOTEL RUNGHOLT (S. 36)
Kurhausstraße 35, 25999 Sylt

PROMI-WATCHING

21 RAUCHFANG (S. 48)
Strönwai 5, 25999 Sylt

22 MANNE PAHL (S. 48)
Zur Uwe Düne 2, 25999 Sylt

25 GOGÄRTCHEN (S. 50)
Strönwai 12, 25999 Sylt

26 STRANDABSCHNITT STURMHAUBE (S. 51)
Parkplatz Riperstieg, Bereich L-N,
25999 Sylt

27 HOBOKEN-WEG (S. 51)
25999 Sylt

29 STRÖNWAI (S. 54)
25999 Sylt

30 BUHNE 16 (S. 55)
Listlandstraße 133 b, am Strand,
25999 Sylt

 SHOPPEN & STÖBERN

42 DOUGLAS (S. 77)
Hauptstraße 13, 25999 Sylt

44 IRIS VON ARNIM (S. 77)
Strönwai 14, 25999 Sylt

46 JUVIA LOUNGEWEAR (S. 79)
Westerweg 14, 25999 Sylt

47 GALLERY MICHAEL MEYER KAMPEN (S. 79)
Strönwai 7, 25999 Sylt

50 ROMA E TOSKA (S. 83)
Alte Dorfstraße 2, 25999 Sylt

 KULTUR

61 FALKENSTERN FINE ART & ATELIER SPROTTE (S. 104)
Alte Dorfstraße 1, 25999 Sylt

65 GALERIE WERKHALLEN (S. 106)
Braderuperweg 2, 25999 Sylt

 NIGHTLIFE

91 STEILKÜSTE ROTES KLIFF (S. 146)
Zwischen Kampen und Wenningstedt

93 CLUB ROTES KLIFF (S. 147)
Braderuper Weg 3, 25999 Sylt

97 DORFKRUG BAR & GRILL (S. 152)
Braderuper Weg 3, 25999 Sylt

HÖRNUM

 FRÜHSTÜCK & BRUNCH

7 BÄCKEREI LUND (S. 23)
Rantumer Straße 1-3, 25997 Sylt

Das Glück dieser Erde ... liegt auch auf Sylt auf dem Rücken der Pferde. Zumindest für den, der es mag

 ## PROMI-WATCHING

24 GOLFCLUB BUDERSAND (S. 49)
Fernsicht 1, 25997 Sylt

 ## AUSFLÜGE

31 HÖRNUM ODDE (S. 62)
Sylter Südspitze, 25997 Sylt

34 SEEHUNDSFAHRT (S. 64)
Ab Hörnum oder List

KULTUR

66 LEUCHTTURM HÖRNUM (S. 107)
An der Düne, 25997 Sylt

STRAND & SPORT

71 SUP-YOGA (S. 118)
Wassersportcenter Sylt – Südkap Surfing,
Strandpromenade 1, 25997 Sylt

**75 JULIUS BÄR
BEACH POLO WORLD CUP** (S. 120)
Hafenstraße, Oststrand, 25997 Sylt

78 HÖRNUM OSTSTRAND (S. 124)
Strandpromenade, 25997 Sylt

79 KITESURFEN (S. 125)
Wassersportcenter Sylt – Südkap Surfing,
Strandpromenade 1, 25997 Sylt

WENNINGSTEDT-BRADERUP

 ## HOTELS

18 ULENHOF WENNINGSTEDT (S. 40/41)
Friesenring 14, 25996 Sylt

AUSFLÜGE

33 BRADERUPER HEIDE (S. 63)
Üp de Hiir, 25996 Sylt

SCHLECHTWETTER-TIPPS

81 INSELCIRCUS (S. 132)
Kampener Weg, auf der Wiese hinter dem
Dorfteich, 25996 Sylt

82 SYLT4FUN-HALLE (S. 132)
Norddörfer Halle, Norderweg 3, 25996 Sylt

Einfach mal
abschalten
mit Sonne,
Sand, Strand –
auf Deutsch-
lands größter
Nordseeinsel

 NIGHTLIFE

91 STEILKÜSTE ROTES KLIFF (S. 146)
Zwischen Kampen und Wenningstedt

92 LÄSSIG BAR (S. 146)
Im Strandhörn Hotel, Dünenstraße 20,
25996 Sylt

TINNUM

 HOTELS

19 LANDHAUS STRICKER (S. 40)
Boy-Nielsen-Straße 10, 29580 Sylt

 PROMI-WATCHING

28 SYLT FITNESS (S. 54)
Am Hangar 8, 29580 Sylt

MUNKMARSCH

 HOTELS

17 FÄHRHAUS SYLT (S. 37)
Bi Heef 1, 29580 Sylt

 AUSFLÜGE

37 SPAZIERWEG MUNKMARSCH (S. 65)
Startpunkt Hafen, 29580 Sylt

LIST

 AUSFLÜGE

34 SEEHUNDSFAHRT (S. 64)
Ab Hörnum oder List

36 WALD AN DER VOGELKOJE (S. 65)
Zugang: Am Buttergraben oder Am Brünk,
25992 Sylt

38 HALBINSEL ELLENBOGEN (S. 68)
25992 Sylt

 RESTAURANTS

51 SPICES BY TIM RAUE (S. 90)
Listlandstraße 11, 25992 Sylt

**52 L.A. SYLT –
LISTER AUSTERNPERLE** (S. 90)
Oststrand-Promenade 333 b, 25992 Sylt

 SHOPPEN & STÖBERN

49 ALTE TONNENHALLE (S. 82)
Am Hafen 12-14, 25992 Sylt

 KULTUR

62 GRET PALUCCA (S. 104)
Hafenstraße, Lister Hafen, 25992 Sylt

SCHLECHTWETTER-TIPPS

84 ERLEBNISCENTER NATURGEWALTEN (S. 133)
Hafenstraße 37, 25992 Sylt

85 PHARISÄER (S. 134)
Voigts Sylt – alte Backstube, Süderhorn 2,
25992 Sylt

90 A-ROSA DAY SPA (S. 139)
Listlandstraße 11, 25992 Sylt

ARCHSUM

KULTUR

67 RINGREITTURNIER (S. 107)
In Keitum, Morsum und Archsum

SYLT *Infos*

PRAKTISCHES
UND NÜTZLICHES

Mit dem Auto anreisen oder lieber mit dem Zug? Wo kann
man Fahrräder ausleihen und Inselführungen buchen?
Informationen und Hinweise auf hilfreiche Apps finden Sie hier

ANREISE

Mit der Bahn
Sylt ist an vier ICE-Strecken der Deutschen Bahn angeschlossen, sodass man von vielen deutschen Städten aus direkt anreisen kann. Von Hamburg-Altona aus sind Reisende in rund drei Stunden auf der Insel. Neben dem Bahnhof in Westerland gibt es auch in Morsum und Keitum einen kleinen Stopp.

Mit dem Auto
Von Niebüll aus befördern der rote DB Sylt Shuttle und der blaue RDC Autozug Passagiere in ihren Wagen über den Hindenburgdamm nach Westerland. Die Reisenden bleiben im Auto sitzen und können den Blick aufs Wattenmeer ugenießen. Die Züge fahren das ganze Jahr über alle 60-90 Minuten (Hin- und Rückfahrt ab 81 Euro).
www.autozug-sylt.de
www.syltshuttle.de

Mit dem Flugzeug
Besonders schnell und unkompliziert erreicht man die Insel aus der Luft: Von vielen deutschen Städten aus kann man im Sommer direkt nach Sylt fliegen. Der Airport ist zentral gelegen, sodass eine unkomplizierte Anreise garantiert ist.
www.flughafen-sylt.de

Mit dem Schiff
Die Adler-Schiffe steuern ab Cuxhaven, Nordstrand und Dagebüll den Hörnumer Hafen an. Wer mit dem Auto übers Wasser nach Sylt reisen will, nimmt die Fähre von der dänischen Insel Röm (Hin- und Rückfahrt ab 73 Euro). Die Fahrt dauert etwa 40 Minuten.
www.adler-schiffe.de
www.syltfaehre.de

KURABGABE

Wie in fast allen deutschen Kur- und Erholungsorten wird auch in der gesamten Gemeinde Sylt eine Kurabgabe (ehemals Kurtaxe) erhoben. Bei Übernachtungen im Hotel oder in einer Ferienwohnung erhalten Touristen die sogenannte Gästekarte ausgehändigt. Tagesgäste kaufen am Kassenhäuschen vor dem Strand eine Tageskarte (rund 4 Euro), Kinder und Jugendliche unter 18 Jahren haben freien Zugang. Mit dem Beitrag unterstützen Gäste die Gemeinde bei der Finanzierung der Tourismusinfrastruktur, als Dankeschön gibt es Ermäßigungen und exklusive Rabatte bei Kooperationspartnern.

APPS & WEBSITES

Die offiziellen **Sylt-Portale** mit Informationen zu Tourismus und Kultur.
www.insel-sylt.de
www.sylt.de

Die Plattform der **Sylt Tourismus Zentrale** bietet Buchungen für Ferienhäuser, spezielle Angebote, aktuelle Wetter-Updates und Anreise-Informationen.
www.sylt-tourismus.de

Nahverkehr: Die Sylter Verkehrsgemeinschaft informiert über Fahrpläne und Aktuelles.
www.svg-busreisen.de

Sylt bewegt: Alles, was auf der Insel passiert, kann man hier in Videos sehen.
www.sylt-tv.com

Mobiler Begleiter: Die Typisch Sylt App informiert über aktuelle lokale Nachrichten, Veranstaltungen und neueste Aktionen des örtlichen Einzelhandels.
www.typischsylt.de

iSylt-App: aktuelles Wetter, Infos zu den zwölf Ortschaften und Buchungsoptionen für Hotels und Veranstaltungen.
www.insel-sylt.de/isylt-app

MIT DEM FAHRRAD ÜBER DIE INSEL

Sylt bietet **Fahrradwege** mit einer Länge von insgesamt 280 Kilometern. Hier finden Sie die besten Routen, sortiert nach Schwierigkeitsgrad, Einkehrmöglichkeiten, Familienfreundlichkeit und Jahreszeiten.
www.sylt.de/entdecken/sport/radfahren.html

Der **Fahrradverleih** bietet Premiumräder, E-Bikes und Kinderräder an Auch Anhänger für Kids und Hunde kann man mieten.
www.mietrad-sylt.de

SIGHTSEEING-TOUREN

Die Diplom-Geografin Silke von Bremen bietet **private Sylt-Führungen** an, bei denen sie Interessierten mit viel Humor die Inselkultur näherbringt. Der Preis hängt von Umfang und Aufwand ab.
www.guideaufsylt.de

Besondere Rundfahrt: Bis zu 30 Teilnehmer können die Insel mit dem Borgward Oldtimer-Bus der Sylter Verkehrsgesellschaft erkunden. Gern gebucht wird das 60 Jahre alte Gefährt auch für Hochzeiten, Geburtstage oder Betriebsausflüge.
www.svg-busreisen.de/die-svg/flotte/borgward-oldiebus

Sightseeing Run: Routinierte Jogger, die eine zehn bis zwölf Kilometer lange Strecke wuppen, können laufend List entdecken. Die sportliche Ortserkundung mit Gabriele Pechiny dauert rund 90 Minuten.
Infos und Buchungen: +49 (0)4651 95200

Der **Spaziergang „Keitumer Geschichtspunkte"** führt durch das idyllische Kapitänsdorf: Verschlungene Wege, die von alten Friesenhäusern gesäumt sind, nehmen die Teilnehmer mit in die Vergangenheit.
www.insel-sylt.de

Der **Ausflugskutter** Gret Palucca bietet Piratentörns für Kinder an. Interessierte können auf der Gret aber auch heiraten oder Partys feiern.
www.adler-schiffe.de

SPECIALS

Mit ihren **Fastenwanderkursen** begeistert die Familie Werner seit über 25 Jahren Gäste, die sich Erholung und mehr Energie wünschen. Die Teilnehmer kommen im Fastenhaus unter, wo es auch Wellnessangebote wie Sauna, Yoga und Massagen gibt.
www.fastenwandern-sylt.de

FESTIVALS UND EVENTS

Cat Festival Sylt
Katamaran-Segler aus ganz Deutschland liefern sich jeden Sommer vor dem Strand von Hörnum spannende Rennen. Für ein abwechslungsreiches Programm mit Grillabenden, Muschelessen, Beachpartys und Segeltouren zu den Nachbarinseln sorgt der Sylter Catamaran Club.
www.sylter-catamaran-club.de

Julius Bär Beach Polo World Cup
Siehe Seite 120 (Strand & Sport).

Kampen Jazz by Till Brönner
Mitte Juli, siehe Seite 112 (Kultur).

Sylt Sailing Week
Zehn Tage kämpfen Segler um Titel und Trophäen – und bieten Zuschauern ein actionreiches Spektakel. Doch auch an Land gibt es viel zu erleben: An den Stränden auf der Westerländer Promenade shoppen und schlemmen Touristen, und bei den Partys am Abend wird ordentlich gefeiert.
www.syltsailingweek.de

GUMMISTIEFEL gehören zur Grundausstattung auf Sylt. Bei Sonne kann man sie ja anderweitig nutzen ...

präsentieren Restaurants und Lebensmittel-produzenten mehrmals im Jahr ihre kulinarischen Highlights. Für rund 100 Euro können sich Gourmets durch lokale Speise-karten schlemmen.
www.genusspfad-sylt.info

Hundstage
Im März und November dreht sich in Wenningstedt an sechs Tagen alles um die Lieblinge auf vier Pfoten. Hund und Halter treffen sich hier zu Trainings und Work-shops, Seminaren, Wettkämpfen und Watt-wanderungen.

Neujahrsschwimmen
Eiskalte Tradition: Am 1. Januar um 14 Uhr läuten in Wenningstedt abgehärtete Insulaner und mutige Gäste die neue Bade-saison ein.

TOURISMUS-SERVICES

Westerland:
Strandstraße 35, Mo-Do 9-17 Uhr, Fr 9-13 Uhr
www.westerland.de

Rantum:
Strandweg 7, Mo-Fr 14-16.30 Uhr
www.rantum.de

Keitum:
Gurtstig 23, Mo-Fr 10-16 Uhr
www.keitum.de

Tinnum:
Dirksstraße 11, Mo-Fr 10-13 Uhr
www.tinnum.de

Morsum:
In der Sylter Bank, Bi Miiren 17, Mo-Fr 8.30-12.30 und 14-16.30 Uhr, Di, Do 14-18 Uhr
www.morsum.de

Mittelalter-Markt
Im August verwandelt sich die Morsumer Festwiese in einen historischen Markt: Handwerker, Gaukler und Musiker nehmen die Besucher mit ins Mittelalter. Interessier-te können Bogenschießen oder Axtwerfen, auch kulinarisch gibt es viel zu entdecken.
www.sylt.de

Longboardfestival
An der legendären Buhne 16 findet im Sep-tember das deutschlandweit einzige Long-boardfestival statt. Surfer aus ganz Europa zeigen coole Stunts und feiern anschließend mit den Zuschauern.
www.buhne16.de

Windsurf World Cup
Siehe Seite 119 (Strand & Sport).

Genusspfad Sylt
In Westerland, Hörnum, List und Keitum

ABBILDUNGSNACHWEIS

ILLUSTRATIONEN:
Pia Bublies

COVER:
Wolfgang Wilde

COLLAGE TOP 100 HOT-SPOTS:
Beinhorn Fotografie // Spielbank Sylt // Miramar // Michael Magulski/Dorfkrug Kampen // Classic Club // iStockphoto/Getty Images // Pius Weinbar // Max Menning/Backstuuv // Sylt Bar Lässig // Dorothea Schmid/Laif // Holger Kröger/A-Rosa // A-Rosa Sylt // Ulla Deventer // Hohlfeld/Imago // Insel Sylt Tourismus-Service // Sabine Lubenow/ddp images // Heiner Müller-Elsner/ Sylt Aquarium // Sylt Tourismus-Service // Michael Magulski/Sylt4Fun // Pablo Heimplatz // Beach Box // Brand Guides/Mark Metzler // Alt-Berlin Bar // Beate Zöllner/F1online // Holger Widert // Uwe Niehuus/zeitzeugen.com // Daniel Reinhardt/Mercedes Benz // ddp images // Südkap-Surfing // Tassilo Haebich/Südkap-Surfing // Roman Matejov // Beate Zöllner // Sylt Tourismus-Service // W. Barth/Syltpress // ddp images // Maike-Hüls-Gräning // Getty Images // M.C. Hurek/dpa // Holger Widera/Adler-Schiffe // Marco Moog // Magdalena Arosio // Michael Magulski // Axel Stein-bach // Ydo Sol // Markus Tollhopf // Coast PR // Beach House // Thomas Burblies // Purosylt // Austernperle // Eric Bach/Superbild // Roma e Toska // Alte Tonnenhalle // Roman Matejov // Bottege Veneta // Juvia // Ydo Sol // Iris von Arnim // Huber-Images // API // Mauritius // Köln GmbH // Sabine Lubenow/Look // Sylt Fitness GmbH // Sabine Lubenow/Getty Images // hajtthu // Mateika Sylt // Oliver Reetz/Sansibar // Manne Pahl // Schoppen- hauer/Verein Jordsand // Imago // Alexander Heil // Holger Widera/Sylt Marketing // Huber Images // Action Press // Michael Magulski/ Spices // Buder- sand // Shutterstock // Holger Widera // Brauer Photos // Redeleit und Junker GmbH // M. Magulski/Landhaus Stricker // Ulenhof // Axel Steinbach // Tom Kohler/Severins // Hotel Rungholt // Wunderbar Sylt // Axel Steinbach // Hotel Uhtland // Axel Stein- bach // Café Wien // Vogelkoje // Backstube Ingwersen // Ydo Sol // Klaus Lorke/No Limit Foto- design // Olaf Kroenke/Café Lund // Dorfladen Kampen // Club Rotes Kliff // Backstube Nielsen // Picture Alliance

---

WEITERE BILDER:
S. 6: Walter Schmitz/seasons.agency // S. 10-11: mthaler/iStockphoto/Getty Images // S. 12: Frank Lukasseck/Huber Images // S.16-17: Ydo Sol // S. 20-21: Mateika (3) // Max Menning (2) // S. 22-23: Klaus Lorke/No Limit Fotodesign // Ydo Sol // Olaf Kroenke // S. 24-25: Holm Löffler/Kaffeerösterei // S. 26-27: Klaus Lorke/No Limit Fotodesign // Oliver Walterscheid/Brauer Photos // S. 28: Stockfood // S. 30-31: Ydo Sol/Fährhaus // S. 34-35: Axel Steinbach/ Tiefenschärfe (3) // Maike Hüls-Graening // S. 36-37: Axel Steinbach/Tiefenschärfe // Dominik Beckmann/ Brauer Photos // S. 38/39: Landhaus Stricker // S. 40/41: Michael Magulski // Neuseeland Hirsch // Redeleit und Junker GmbH // S. 42 : Appartements & Mehr // S. 44-45: W. Barth/Brauer Photos // A. Hassenstein/Getty Images/Porsche // W. Barth/ Brauer Photos // Paul Schirnhofer // S. 48-49: A. Schmidt/Brauer Photos (2) // Oliver Reetz // S. 51-51: Superbild - Your Photo Today // Andreas Lühmann // picture alliance (2) // Action Press // S. 52-53: Walter Schmitz/seasons.agency // S. 54-55: Sylt Fitness GmbH // Sabine Lubenow/LookPhotos // Alexander Heil (3) // S. 56: Luise Berg-Ehlers/Alamy // S. 58-59: Frank Lukasseck/Huber Images // S. 62-63: Picture Alliance // Wolfgang Diederich/Mauritius // Johannes Koziol/Imago // K. Schoppenhauer/Verein Jordsand // Shutterstock // Action Press // Günter Gräfenhain/ Huber Images // S. 64-65: Shutterstock // Hajotthu Westend 61/Picture Alliance // Sabine Lubenow/Getty Images // S. 66-67: Shutterstock // S. 68-69: Uwe Nehuus/zeitzeugen.com // AKG-images // Holger Widera/Sylt Marketing // Westend 61/Mauritius // Günther Gräfenhain/Huber Images // Thomas Hellmann/Mauritius // S. 70: Action Press // S. 72-73: Ulf Saupe/Roma e Toska // S. 76/77: Kölln GmbH (3) // Michael Tinnefeld/API // Holger Widera (2) // S. 78/79: Ydo Sol (2) // Juvia // J. Reetz/Brauer Photos // S. 80-81: Roman Matejov/Seifen- manufaktur // S. 82-83: Roman Matejov (2) // Ulf Saupe // S. 84: W. Barth/ Brauer Photos // S. 90/91: Michael Magulski // Puro Sylt // Thomas Burblies // S. 92-93: Ydo Sol/Sölring Hof (3) // Markus Tollhopf // S. 94/95: Michael Magulski/Brot & Bier // S. 96-97: Marco Moog // Axel Steinbach // Maddalena Arosio // Michael Magulski // Oliver Walterscheid/Brauer Photos // S. 98: Picture Alliance // Hans Peter Merten/Huber Images // S. 100-101: Maike Hüls-Graening/Galerie Werkhallen // S. 104-105: Axel Steinbach // Picture Alliance // Adler-Schiffe // Getty Images // S. 106-107: Maike Hüls-

Graening (2) // ddp images // Wolfgang Wilde // Sylt Tourismus Service // S. 108-109: Roman Matejov // S. 110-111: W. Barth/Syltpress // Beate Zöllner (2) // Privat Hotels Sylt // Actionpress // J. Reetz/Brauer Photos // Roman Matejov // S. 112: Georg Supanz (2) // S. 114-115: Pawel Kazmieraczak/Shutterstock // S. 118-119: Südkap-Surfing (2) // Daniel Reinhardt/Hoch Zwei/ Mercedes Benz // ddp images // Uwe Niehuus/ zeitzeugen.com // S. 120-121: Holger Widera/Mein-Sylt-Foto // Action Press // Beate Zöllner/F1 online // API // iStockPhoto/Getty Images // S. 122-123: Si Crowther/Südkap-Surfing // S. 124/125: Shuttertsock (2) // Mark Metzler/Brand Guides (2) // Tassilo Haebich/Südkap-Surfing // S. 126: Margaretha Olschewski // S. 128-129: Michael Bernhardi/seasons. agency // S. 132-133: Pablo Heimplatz // Insel Sylt Tourismus-Service // Michael Magulski/Sylt4Fun // Heiner Müller-Elsner // S. 134-135: ddp images // imago // Insel Sylt Tourismus-Service // ddp images // Oliver Walterscheid/Brauer Photos // S. 136-167: Holger Kröger/A-Rosa Sylt // S. 138/139: DronePicr/CC // Ulla Deventer // S. 140: Kornelia Nowotka/picture & publicity // S. 142-143: Star Press // S. 146/147: Dorothea Schmid/Laif // Gulliver Theis/Laif // Tayfun Suele // S. 148-149: W. Barth/Brauer Photos // S. 150-151: Berthold Fabricius/Pressebild.de // S. 152-153: Michael Magulski // Beinhorn Fotografie // S. 154: Picture Alliance // Thomas Rabsch/Laif // S. 156-157: Getty Images // S. 160-161: Beach House // S. 162-163: Walter Schmitz/seasons.agency // S. 164: Arnt Haug/ Look Photos // S. 166: Pawel Kazmierczak/ Shutterstock // S. 169: Shutterstock // S. 171: Mauritius // S. 174-175: Günter Gräfenhain/Mauritius

Detox für die Seele: Abend-stimmung am kleinen Hafen von Rantum am Wattenmeer

IMPRESSUM

CHEFREDAKTION BUNTE:
Robert Pölzer (Chefredakteur)
Petra Pfaller (Chefredaktion)

TEXTCHEFS BUNTE:
Katrin Sachse (stellvertr. Chefredakteurin)
Georg Thanscheidt, Rolf Hauschild

AUTORIN:
Ricarda Landgrebe

BUNTE REDAKTION:
Sandra Schmidt

ART DIRECTION & GRAFIK
Henrietta Lienke-Wiglinghaus, Ulrich Pitule

CHEF VOM DIENST:
Thomas Spitznagel, Gabriele Wider

PHOTO EDITOR:
Andreas Krauss , Mirja Schütz

SCHLUSSREDAKTION:
Kristina Poehls

PUBLISHING MANAGER:
Thomas Kittel

REPRO:
Baptist Dallmeyr

DRUCK:
Firmengruppe APPL, aprinta druck, Wemding

MANAGING DIRECTOR:
Jonas Grashey

PROJEKTLEITUNG:
Katharina Schmidt

FINANCE:
Alexandra Schmidt

GESCHÄFTSFÜHRUNG BurdaStyle:
Manuela Kampp-Wirtz

DATENSCHUTZANFRAGE:
Tel. 0781/639 61 00, Fax 0781/639 61 01,
E-Mail: bunte@datenschutzanfrage.de
Für alle 0 18 06-Nummern gilt: 20 Cent/Anruf aus dem
deutschen Festnetz; mobil max. 60 Cent/Anruf
Burda Style GmbH, Arabellastraße 23
81925 München, Tel. 089/92 50-23 10,
E-Mail: bunte@burda.com

MEINE
NOTIZEN

Wenn die letzten Sonnenstrahlen des Tages auf die Steilküste zwischen Kampen und Wenningstedt treffen, dann leuchtet das ROTE KLIFF in den prächtigsten Farben. Am besten lässt sich das Naturschauspiel beobachten, wenn man sich einen Strandkorb sichert

UNSERE STARS AUF

SYLT

Die **TOP 10** für die Insel

LIST

9

4

3

1 FRÜHSTÜCK & BRUNCH
KAFFEERÖSTEREI SYLT, Hafenstraße 9, Rantum

2 HOTELS
LANDHAUS STRICKER, Boy-Nielsen-Straße 10, Tinnum

3 PROMI-WATCHING
BUHNE 16, Listlandstraße 133 b, Kampen

4 AUSFLÜGE
WATTENMEER

5 SHOPPEN & STÖBERN
SYLTER SEIFEN MANUFAKTUR, Bi Miiren 11, Morsum

6 RESTAURANTS
BROT & BIER, Gurtstig 1, Keitum